2版

超脑思维

魔方游戏技巧从入门到精通

朱申杰　颜瑞民／著

Rubik's Cube

中国法制出版社
CHINA LEGAL PUBLISHING HOUSE

前言

我和魔方的二三事

我和魔方的结缘故事其实非常普通。大概初二的时候，刚刚学会网购的我在某知名购物网站上买了一个圣手魔方，从此便开始了我的魔方之旅。起初毫无头绪，后来一查，发现一个叫作魔方小站的网站上有视频教程，于是就对着视频教程，一步一步地学。每天一步，花了将近一周的时间才学会魔方的复原。

很多朋友会把复原魔方当作一件非常酷的事情，因为在常人眼里，魔方依然是一种“高智商玩具”。但其实只要肯下功夫，不怕失败，每个普通人都能复原魔方，并且十分享受从学习复原到完成复原的过程。

2014 年，我在上海的大同中学参加了人生中第一场魔方比赛。随后的几年里，我总共参加了 54 场比赛。虽然我没有像有些魔友一样，打破过各种纪录，但是几年的竞速生涯依旧让我收获颇多。

因为魔方，我从上海走向了更大的世界。玩魔方之前，我从来没有想过自己能够去中国这么多城市，遇到来自全国各地乃至全世界各地的朋友。因为相同的爱好，我们走到了一起。和别人不太一样，魔友虽然有分离的时刻，但是我们

项目	地区排名	洲际排名	世界排名	单次	平均	世界排名	洲际排名	地区排名
三阶	753	2017	5480	9.57	11.10	4059	1476	525
二阶	234	629	2431	1.91	2.47	474	130	47
四阶	1070	2453	6162	45.20	51.68	6093	2449	1064
五阶	1346	3286	9046	1:57.72	2:04.60	8122	2971	1246
最少步	43	141	619	29	35.00	625	169	62
单手	695	1568	3933	17.14	19.62	2755	1107	486
魔表	53	142	415	7.58	9.44	466	157	64
五魔方	831	2022	6268	1:57.86	2:15.78	6298	2042	829
金字塔	1267	3115	9697	5.79	8.39	8332	2838	1228
斜转	353	924	2936	3.96	5.95	2170	713	295
SQ1	178	511	1844	17.11	37.46	4599	1313	512

心里都非常清楚，只要有下一次比赛，大家就一定能够再次相见。

魔方带给我很多的机会。我因为魔方的教学认识了许多孩子和家长；因为举办魔方比赛和组织魔方联盟，认识了更多的朋友，了解了上海各所初高中的情况；因为高中和大学的魔方社，感受到了一代又一代社长的传承；因为在知乎回答问题，能有幸尽我所能写作一本魔方教程；因为魔方表演，让更多的人认识到这项运动的魅力；因为魔方本身，拉近了与陌生人之间的距离。

当我开始把这个常人眼中的玩具，当成一项真正意义上的运动来对待的时候，我收获了远比我意料之中多的回报。我相信，无论什么时候，无论什么水平的魔友，最为享受的一定是在魔方这项体育竞技中不断超越自我的过程。著名魔友林恺俊曾说："不是因为有意义而去坚持，是因为坚持久了，没有意义的事情也变得有了意义。"

没有人，甚至是魔方的发明者鲁比克教授自己也没能预料到，在近半个世纪后的今天，魔方可以成为世界上广为人知的益智玩具之一，并发展成为一项竞技运动。每年在世界各地，有数以万计的魔友参与到专业的魔方赛事中，超越自我，刷新纪录。

希望本书无论是对于初学者，还是对于想要提高的魔友，都能有一些帮助。我也是尽我所能，完成了本书的写作。还要特别感谢南开大学魔友颜瑞民，书中的很多公式都是他整理的。感谢上海交通大学魔方社社长文聪制作的网站，以及 CubeSkills、VisualCube 和 VisualCube Editor 等魔方网站。感谢所有制作公式的魔友。我们的每一次进步，都离不开前人的经验总结。也希望大家能够站在更高的起点，创造属于自己的精彩和传奇。

朱申杰

目录

第一章

关于魔方的十个小问题

普通人因为不了解魔方，往往会产生一些概念上的误区，在开始学习之前我们先要明确如下十个小问题：

1. 只有智商高的人才能学会玩魔方吗?

玩魔方并不是一个特别难学的技能，只要你有不怕失败的耐心和想要学会的决心。一步步来，你一定可以学会魔方。普通人无论年龄多大，都可以学会魔方。我们经常可以发现身边有许多会复原魔方的朋友，只不过大家在速度上会有一些差异。

2. 复原魔方一定要用公式吗?

不看任何教程，大多数人可以复原魔方的一个面。但是魔方并不是按照面来复原的，而是按照层来复原的，需要一层一层地往上搭。要把魔方的六个面全部复原，少数人可以独立完成，但是大多数人很难做到。我们还是建议看视频教程，学习已有的公式，先学会完整的复原，再去思考属于自己的方法。

3. 几秒复原魔方是怎么做到的?

几秒复原魔方是可以做到的，但是这取决于魔方好不好用，打乱程度，以及复原人的水平。一般来说，要达到 10 秒左右的水平需要掌握 100 多个公式，并且需要大量的练习。

4. 魔方是中国人发明的吗?

不是的，魔方是匈牙利的建筑学教授厄尔诺·鲁比克于 1974 年发明的。所以魔方的英文名叫作“Rubik’s Cube”。而且魔方发明的历史没有大家想象的那么长，只有 40 多年的时间。魔方的发明者依旧在世，并于 2016 年来到上海，亲临“超越魔方”展览现场。

5. 魔方不就是个玩具吗?

魔友们其实不太高兴听到这样的表述，但是随着魔方运动的普及，越来越多的人了解到魔方其实也是有比赛的，甚至有许多魔友从事专门的魔方教学。央视对于魔方比赛也有过多次报道。我们更希望人们能将其当作一项真正的手部极限运动来对待。

6. 魔方比赛是怎样的?

官方的魔方比赛（WCA 赛事）总共有 18 个比赛项目。对于大部分速拧项目，选手会有 5 次复原机会，去头尾取平均时间。会有专门代表来认证，上传成绩，之后就能在网站上看到自己的排名。为了保证比赛的公平性和专业性，我们会统一打乱，保证各位选手每次复原中拿到的魔方状态是一样的，也会使用专用的计时器，准确记录复原的时间。

7. 魔方是越转越乱吗?

不是的。前面几步的转动对于魔方的打乱是有效的。但是即使是魔方的最乱状态，也能在 20 步之内复原。多次转动后，有些状态就不会变得更加复杂了。魔方比赛时，为了保证魔方足够乱，会采用特定的打乱生成算法。

8. 魔方的盲拧是怎么做到的?

盲拧和速拧完全是两套体系。盲拧前，选手会对魔方进行编码，确定块[①]的运动情况。随后用特定的、只影响部分块的公式去复原。盲拧总的公式量虽然更大，但是大多数公式在掌握原理之后都是可以理解并且自己推算的。

9. 魔方公式是怎么来的?

魔方背后的数学理论是群论，普通人可以掌握魔方公式的生成原理，但是很难优化出一套完整的速拧公式来。我们推荐大家站在前人的肩上先学会魔方，再去研究理论层面的知识。

10. 魔方高手在生活中是怎么样的?

和普通人并无二致，在一般人眼里他们是大神，自信满满。可是当他们遇到更厉害的选手时，有时也会像个迷妹 / 迷弟，希望能合个影，要个签名，虚心求教于对方。

---

① 本书中的“块”指魔方色块。

第二章

三阶魔方入门教程

第一节　三阶魔方的理论知识

今天我们要开始三阶魔方的学习。三阶魔方其实并没有大家想象中那么困难。魔方在发明之初，曾经一度被认为是一个非常困难的玩意儿。魔方的发明者——鲁比克教授据说花了一个月才复原自己的这个发明。但是随着几十年来人们前赴后继地努力，复原魔方慢慢成为一件越来越容易的事情。大量的公式被总结出来，大量的教程可以在互联网上搜索到。视频、文字版教程层出不穷，人们也慢慢从电视上，从各种新媒体平台上接触到魔方类的综艺节目，慢慢了解到，魔方除了有智力游戏的属性，也开始发展出体育竞技的属性。

可不要小看了这小小的魔方。只要通过简单的转动，它就可以产生逾4300亿亿种变化（43 quintillion）。

$$8! \times 3^7 \times (12!/2) \times 2^{11} = 43,252,003,274,489,856,000$$

但是更有意思的是，人们已经证明，这逾4300亿亿种变化，理论上都可以在20步（HTM）之内完成。这就是我们所谓的“三阶魔方的上帝之数”。普通的CFOP解法在50步到60步可以复原一个魔方，基础的层先也只需要100多步。上帝之数的证明经历了一个极其漫长的过程，无数的数学家为之付出了努力。最终，还是通过枚举所有魔方可能出现的情况，并一一寻找其20步之内的解法来暴力证明的。至于更高阶的四阶、五阶魔方，上帝之数对于人类还是一个未解之谜。它们的情况太多了，根本无从枚举。

经过推测和计算，我们发现，如果随意组装一个魔方，会有1/12的概率是无法复原的。如果把这些情况也纳入考虑范围之内，我们可以得到的状态数量，又多了一级。

$$8! \times 3^8 \times 12! \times 2^{12}=519{,}024{,}039{,}293{,}878{,}272{,}000$$

魔方有非常多的复原方法，但是我们现在和之后要介绍的是当今世界最主流的复原方法——层先法，或者更精确地称为层先体系。复原魔方需要公式和理解的结合，在你复原魔方的一瞬，相信你一定可以收获别样的快乐。学会复原三阶魔方后，也可以向二阶魔方或者更高阶的魔方发起挑战。为了避免因为不了解魔方而产生误会，我们先来介绍一下 WCA。

WCA 是世界魔方协会，即 World Cube Association。WCA 负责组织全球范围内的魔方赛事，每年有数以千计的赛事在各地举行。WCA 代表会在每场比赛公示前和主办方取得联系，负责监督和认证这样一场比赛。WCA 的参赛几乎是没有门槛的，如果说有，也只是一些锦标级赛事的资格线，以及你必须达到最基础的及格线。参加完一场赛事之后，你就可以获得一个专属于你的身份标识——WCA ID。比如我[①] 的 ID 就是 2014ZHUS01。2014 代表的是我参加第一场比赛的时间，ZHUS 则和我的名字有关，01~99 是为了在四个字母相同的情况下区分选手。

魔方发明于 1974 年，40 多年来魔方曾两次流行。第一次是在 1982 年的时候举办了第一场世锦赛，得奖者是 Minh Thai，单次成绩 22.95 秒。随后很长一段时间没有一个官方的赛事和组织。直到 2003 年，WCA 才开始接手全球范围的赛事，使得全世界的选手有了一个统一的竞赛规则，并且有了真正意义上的世界排名，对魔方速拧的推动作用是很大的。

目光转向中国，中国选手于 2004 年第一次参加 WCA 魔方赛事。2007 年，广州举办了第一场 WCA 赛事。2017 年，为了纪念第一场赛事举办十周年，广州举办了规模盛大的十周年赛。目前，中国的魔方赛事主要公布在粗饼 · 中国魔方赛事网，和 WCA 官网一样，我们会在本书最后的网站汇总中列出这些魔方网站的链接。目前（截至 2020 年 11 月 8 日）在粗饼 · 中

① 本书中的“我”指第一作者朱申杰。

国魔方赛事网公示的中国代表共有 10 位，主要集中在中国的东部地区。如果想要查看世界其他地方的代表和赛事，也可以登录 WCA 官网查看。

姓　名	地　区	姓　名	地　区
董百强	泉州	吴宝城	武汉
郑鸣	广州	单晨曦	合肥
常方圆	北京	陈德泉	香港
亢晨	西安	陈丹阳	聊城
李冬雷	西安	金晓波	上海

第二节　三阶魔方成绩的纪录

三阶魔方平均成绩世界纪录 TOP 10[①]					
名次	姓名	国家	成绩（秒）	比赛	时间
1	Feliks Zemdegs	澳大利亚	5.53	Odd Day in Sydney 2019	2019-11-10
2	Max Park	美国	5.59	Houston Winter 2020	2020-01-25
3	Sean Patrick Villanueva	菲律宾	5.98	Marikina City Open II 2019	2019-10-26
4	Philipp Weyer	德国	6.06	Swisscubing Cup Final 2018	2018-12-08
5	Tymon Kolasiński	波兰	6.12	PST CFL Częstochowa 2019	2019-11-09
6	Patrick Ponce	美国	6.13	Liberty Science Center Open 2019	2019-12-14
7	Lucas Etter	美国	6.19	Princeton Winter 2020	2020-02-08
8	Bill Wang	加拿大	6.25	WCA World Championship 2019	2019-07-11
9	Drew Brads	美国	6.29	Flag City Fall 2019	2019-11-09
10	Leo Borromeo	菲律宾	6.31	Negros Speedcubing Open 2019	2019-12-14

① 如未做特殊说明，本书表格的截止日期均为 2020 年 11 月 8 日。

比赛中，常规的项目会比五次，少数长项目会比三次。计算五次成绩时，掐头去尾，取中间三次的平均成绩就可以得到最终的成绩。排名的时候会分别对单次和平均成绩排名，平均成绩相对单次成绩来说更能反映选手的真实水平。其实也不尽然，这只是相对的，毕竟这五次也只是选手发挥得最好的五次。更好地了解选手水平的方法是看他们最近几场比赛的成绩。你也可能会注意到前十的选手中大部分是美国的，而没有中国的选手。

三阶魔方平均成绩世界纪录 TOP 10					
名次	姓名	国家	成绩（秒）	比赛	时间
1	杜宇生	中国	3.47	2018 WCA 芜湖魔方公开赛	2018–11–24
2	Feliks Zemdegs	澳大利亚	4.16	Auckland Summer Open 2020	2020–02–29
3	Patrick Ponce	美国	4.24	Northeast Championship 2019	2019–02–16
4	Nicolás Sánchez	美国	4.38	GA Cubers Feet Fest 2019	2019–12–14
5	Max Park	美国	4.40	SacCubing V 2018	2018–08–25
6	Juliette Sébastien	法国	4.44	Sens Open 2019	2019–08–10
7	Tymon Kolasiński	波兰	4.51	Warm Up Sydney 2019	2019–07–06
8	Jakub Kipa	波兰	4.59	Polish Championship 2018	2018–10–26
8	Seung Beom Cho（조승범）	韩国	4.59	ChicaGhosts 2017	2017–10–28
10	Tanzer Balimtas	美国	4.64	Pennsylvania 2018	2018–08–17

而更需要依靠运气的单次成绩前十则已经全部“sub 5”，也就是进入 5 秒大关。非常激动人心的是，中国选手杜宇生在 2018 年 11 月的芜湖公开赛上以 3.47 秒的成绩把三阶速拧单次成绩带入 4 秒大关，至 3.5 秒。这是中国选手所达到的前所未有的高度！魔方的速拧成绩经过十几年不断地进步，已经逐渐接近极限了。在未来的几年内会有突破，但是逐渐趋于稳定，很难有新的纪录产生。

看完世界排名，我们再把眼光转向中国。下面第一张表是中国三阶魔方的单次成绩排名，第二张表是中国三阶魔方的平均成绩排名。中国单次成绩前十名里，有两个是在上海的比赛中创造的，幸运的是，这两场比赛我也都见证了纪录的诞生。

三阶魔方单次成绩中国纪录 TOP 10				
名次	姓名	成绩（秒）	比赛	时间
1	杜宇生	3.47	2018 WCA 芜湖魔方公开赛	2018-11-24
2	徐子博	4.72	2018 WCA 潜江夏季魔方公开赛	2018-08-25
3	张淇奥	5.30	2019 WCA 杭州魔方公开赛	2019-05-18
4	王佳宇	5.31	2017 WCA 上海春季魔方赛	2017-03-18
5	李扬	5.32	2018 WCA 交大冬季公开赛	2018-12-30
6	孔维浩	5.39	2019 WCA 山东魔方公开赛	2019-10-04
7	许瑞航	5.43	2019 WCA 深圳十周年魔方赛	2019-07-06
8	蔡子健	5.50	2019 WCA 中山正阶魔方速拧赛	2019-10-27
9	阴目仑	5.66	Kansai Open 2019	2019-04-20
10	徐大卫	5.77	2018 WCA 中国魔方锦标赛	2018-10-02

三阶魔方平均成绩中国纪录 TOP 10				
名次	姓名	成绩（秒）	比赛	时间
1	徐子博	6.55	2018 WCA 武汉理工大学公开赛	2018-12-09
2	孔维浩	6.62	2019 WCA 太原冬季魔方公开赛	2019-12-22
3	杜宇生	6.81	2019 WCA 深圳魔方公开赛	2019-09-21
4	阴目仑	6.96	2019 WCA 东莞魔方公开赛	2019-01-13
4	许瑞航	6.96	2019 WCA 深圳十周年魔方赛	2019-08-24
6	蔡子健	7.04	2019 WCA 中山菊城儿童魔方赛	2019-06-01
7	王佳宇	7.28	2019 WCA 上海魔方公开赛	2019-10-19
8	李佳洲	7.47	2019 WCA 中国魔方锦标赛	2019-07-26
8	林恺俊	7.47	Selangor Cube Open 2019	2019-12-27
10	孙舟横	7.49	Another Bruin Cube Day 2019	2019-01-12

第三节 三阶魔方的选购

工欲善其事，必先利其器。尽管魔方的质量和复原速度的关系并不大，但是一开始用好的魔方会让你有更大的动力去学会它，因此我们觉得还是有必要先做一个推荐。对于三阶魔方的推荐，分为入门级和竞速级，但是无论是入门魔方还是专业魔方，都主要有三大品牌：魔方格、魔域、GAN。

三大主流品牌		
魔方格	魔域	GAN
入门级产品 价格 10 元左右		
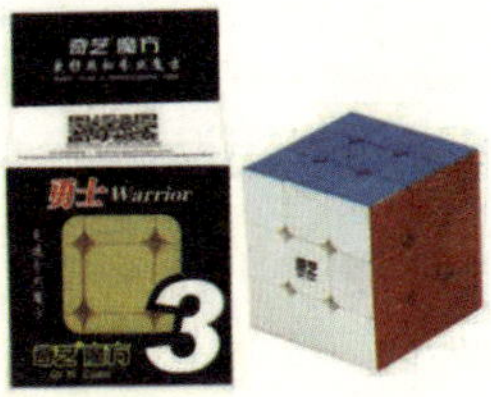		
魔方格 勇士 w	**魔域** 冠龙	**魔域** 魔方教室系列
专业级产品 价格 100 元以上		

魔方格 VALK3Power	**魔域** 威龙 GTS2M	GAN 356AirSM
M 即 Magnet，代表加磁技术。磁力定位魔方是现在高端魔方普遍采用的技术。		

值得一提的是，GAN 没有较好的入门魔方。现如今，世界上绝大部分魔方是由中国生产的，而且大部分产自玩具制造大区——汕头市澄海

区。中国魔方以低廉的价格和过硬的质量获得了世界魔友的好评，但同时因为蚕食了原有品牌的市场，也引发了一些意想不到的麻烦，在此不予赘述。

而我们想强调的是，速拧的水平和魔方的好坏没有太大的关系。拥有一个和世界冠军一样的魔方并不能帮你提速多少。比如，你学摄影，不一定需要最好的单反；再如，你想学书法，笔不是最为关键的。这是一个简单易懂而且普遍适用的道理，但是它依然值得反复拿出来强调。是的，任意一款我们推荐的基础魔方，足够你从不会玩一直练到 40 秒乃至 20 秒以内。

魔方名称中的 M 代表加磁技术，表示其角块中会有磁铁槽，能够辅助对齐。这是一项自 2016 年起开始流行的技术。WCA 的 18 个项目都开始采用加磁技术。想当初魔方刚发明的时候，也尝试过用磁铁把二阶的 8 个块吸附起来。风水轮流转，现在加磁技术又回来了。但是，我还是要强调，有没有加磁对于魔方初学者的水平没什么太大的影响，所以不要在魔方的选购上过于纠结。

两大网购渠道	
淘	1688
淘　　宝	阿里巴巴
适用于入门、需要售后、少量购买、需要配件等附带产品的人。	适用于大量和长期购买、不需要配件的人。

简单地说一下有哪些渠道可以买到上述的魔方。淘宝比较适合少量购买魔方，如果没有丰富的购买经验，建议从淘宝购买。如果后期有大量购买魔方的需求，可以上阿里巴巴，阿里巴巴是商品批发的网站，在上面直接采购魔方要比很多淘宝店家卖的魔友价还要便宜。至于一些“要之无用，

弃之可惜”的配件，我相信到了一定的水平你也不再需要了。

第四节　三阶魔方的基础知识

1. 大小		
棱长 4.74 cm	棱长 5.6 cm 常规大小	13 cm

魔方格 VALK3Mini	**魔域** 御龙	**点盛**

首先我们来看一下魔方的大小。魔方有大有小，既可以小到要用镊子才能转动，也可以大到要两个人才能转动。人们总是不局限于魔方的常规大小，而乐于突破已有的限制。我们在此列举了常见的三种魔方的大小，从上表图中我们看不出它们的大小，但是真正拿在手中的时候，感受还是很不一样的。常规的三阶魔方大小是棱长 5.6 cm，这是一个转起来比较舒服，容易操控的尺寸。

2. 底色		

黑色	白色	透明

续表

2. 底色		

六色 荧光版（推荐）	六色 和悦版（推荐）	六色 全透明（极少见）

接下来我们看一下魔方的底色。魔方在发明之初其实只有一种颜色，就是把一种颜色的塑料块拼接在一起。只要在魔方每一个面贴上贴纸，魔方就有了不一样的颜色。当然六个面的六种颜色也不是胡乱贴的，这个我们后面会讲。15 年前，只有这种贴纸魔方才能参赛，而且不能是透明的。但后来 WCA 修改规则之后，六色魔方也能用于 WCA 赛事中。所谓六色魔方，就是塑料的颜色是魔方这一面的颜色，它的棱块和角块都会采用不同颜色的塑料拼接起来，这样的魔方更能使选手注意到颜色而且耐磨损。全透明的魔方很罕见，我只在御龙这款魔方上见过，值得收藏。还有喷漆的魔方，也很少见，有机会看到的话也可以留意一下。

3. 配色	
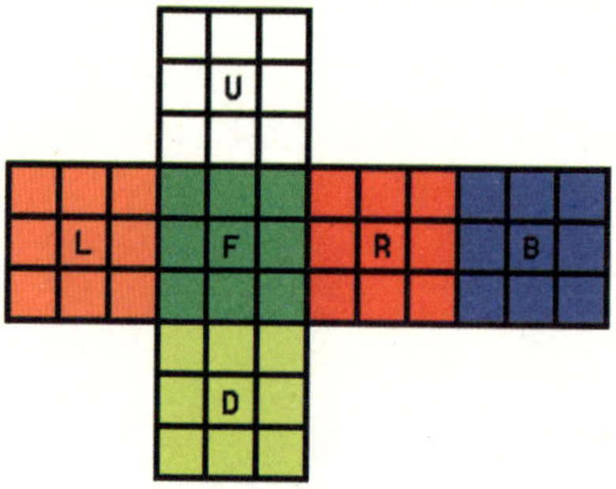	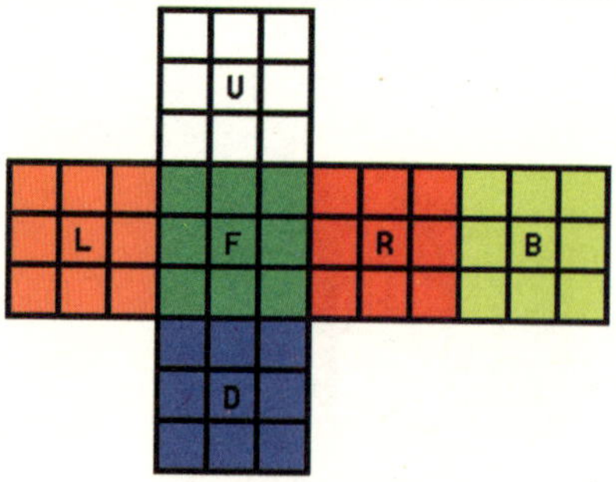
国际标准配色 BOY	日本官方配色 BYO

关于配色，我们也需要讲几句。尽管现在世界上的魔方大多是中国生产后出口的，采用的都是国际标准配色。但是魔方发明之初并不是这样的，而是和前表右图一样的日本官方配色。后来根据颜色专家的建议，鲁比克教授改成了“上黄、下白、前蓝、后绿、左橙、右红”这样相近的颜色相对的方案，这样更容易区分色块。世界上只有日本还使用 BYO 这种配色，在早期日本魔方爱好者中岛悠的魔方教程“中岛非标”中可以看到它的痕迹。

4. 结构		
角块	棱块	中心块

8 个三种颜色色块	12 个两种颜色色块	6 个一种颜色色块

接下来我们要说的是复原魔方的一个重点：魔方的结构。魔方总共由三种块组成——角块、棱块和中心块。角块有三种颜色，棱块两种颜色，中心块一种颜色。角块、棱块和中心块数量分别有 8 个、12 个和 6 个。其中，中心块能够确定这一面的颜色，并且中心块与轴相连，位置不会轻易改变。

如果我们把魔方拆开来看，就可以看到里面的轴、棱块和角块。上面这个魔方虽然很老，没有很好的容错结构，但是三阶魔方的基本结构在几十年里都没变。角块和棱块都有延长出来的卡角，用于卡入魔方。如果有机会的话我们还是建议拆一下魔方，看看内部结构。拆装魔方的时候都有一些小技巧。如果觉得魔方比较难拆，可以打开任意一面的中心盖，然后适当调松螺丝，取出这一面的色块。装魔方的时候，可以先装好底下的十字棱固定中心块，再塞入第一层的角块，依次往上会更容易装起来。

如果你随意组装一个魔方，很有可能会出现复原不了的情况。在三阶魔方中我们无法单独旋转一个角块或者棱块，也无法单独交换两个角块、两个棱块或者中心块。更不要随意地撕掉和重贴贴纸，否则可能会产生很多错误。

第五节　三阶魔方的基础手法

手法		
上	左	顺

下	右	逆

续表

手法		

最后我们要介绍的是手法。很多人在初学魔方的时候不注重魔方手法的练习，只追求复原。这在初期当然没什么影响，大家速度都不是很快，但是越到后期，手法对于转动连贯性的影响就越大。所以，必须在一开始就打下良好的基础。首先我们要用左手捏住魔方的前后中心块，右手的大拇指和中指捏住上下两个棱块。我们可以简单地记作“左手拿前后，右手拿上下”。然后用右手手指带动魔方往上或者往下转。我们可以看到，我们所指的上下都是右边这一层的。转动的时候手不能离开魔方。

那怎么向左右和前后转呢？向左右和前后转难度要比向上下更大。向左需要用右手食指轻轻一拨；向右则相反，需要用左手食指去拨。记住，一定是拨而不是用手掌去拧上层，不然效率很低。顺和逆也是一个难点。做顺时针转动之前需要用右手拿住上下两个棱块，这个时候空出来的食指把前面那层往下压，这样就可以顺时针转动前面这层。如果把右手大拇指稍微前移，往上一勾就可以做到逆时针转动。

我们在这里列出了一些固定的组合，这些简单的组合在复原中会经常用到。所有公式的后面都有一个“×6”，意味着这个公式做六遍就能复原魔方。如果魔方已经复原，那么做完六遍之后也可以复原；如果原来是打乱的，做完六遍之后也是原样。

手法一：上左下右 ×6

手法二：左上右下 ×6

手法三：下顺上逆 ×6

手法四：顺下逆上 ×6

不知道你有没有注意到，手法一和手法二互为逆公式，手法三和手法四互为逆公式。对于逆公式，我们也需要注意一下。逆公式指的是顺序相反，且转动相反的公式。比如“上左下右”，我们可以先转换成“右下左上”，然后转换成“左上下右”，我们可以理解为每一步都是对上一步的撤销。这四种手法中，第一种手法最为重要，我们之后会经常看见它的身影。

熟练掌握这四种手法之后，我们还要简单介绍一下左上和左下两种转动方法，其实也非常容易理解。

	左上		左下

万事俱备，只欠东风。接下来我们就正式进入三阶魔方的学习。三阶魔方的入门复原方法总共分为八个步骤。而之后我们会讨论的高级复原方法，也属于层先体系，就是把这八个步骤每两个步骤合并在一起，达到减少步数和提高效率的目的，合并完之后总共四个步骤。我们也可以在学习之前了解一下。

第六节　复原步骤一览

入门复原步骤一览			

第一步　白色小花	第二步　白色十字	第三步　第一层	第四步　第二层

续表

入门复原步骤一览			

第五步　黄色十字	第六步　黄色顶面	第七步　顶层角块	第八步　顶层棱块

进阶复原步骤一览			
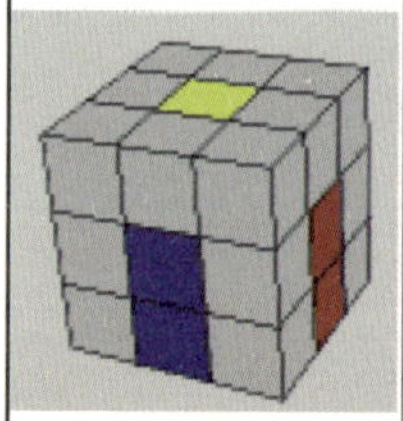			
第一步　白色十字	第二步　前两层 F2L	第三步　黄色顶面 OLL	第四步　顶层棱角 PLL

第七节　第一步：白色小花

第一步　白色小花
目标

续表

四种基本的情况			

上	逆	右上	左左上

说明：前面两种情况自然很简单，如果碰到后面两种情况，可以先转一步，然后转化成我们已经会的情况加以解决。

而下面两种情况是比较困难的，在此逐步演示一下，实际上也是一种转化思想。

还要注意一点，对于需要转动 180 度的情况需要一步转到位，不要分两步转。

两种更难一些的情况						
	顺 →		右 →		上 →	
	逆 →		右 →		上 →	

相信聪明的你已经发现，碰到单独一个棱块要翻转的情况时，我们需要先把它转到中间层，然后调整至上层，最后归位。

我们需要做一个白色小花，花瓣是白色的，花蕊是黄色的。即棱块是白色的，中心块是黄色的。也就是说，第一步和角块没有关系，如果你发现角块变成了白色，只要忽略它即可。由于视角的限制，我会尽可能多地把这个视角的情况列出，并在下面一行附上解决方案。相信通过几个简单的例子你就能学会十字的复原。如果你发现手中的魔方有不匹配的情况，可以试着转动一下，或许就能够有新的思路。在转动的过程中，要保持白色中心在下，黄色中心在上，横向地转动，而不要让魔方颠三倒四地翻跟头。

第八节　第二步：白色十字

<table>
<tr><th colspan="4">第二步　白色十字</th></tr>
<tr><th colspan="4">目标</th></tr>
<tr><td colspan="2"></td><td colspan="2"></td></tr>
<tr><td colspan="2">俯视视角</td><td colspan="2">仰视视角</td></tr>
<tr><th colspan="4">简单情况</th></tr>
<tr><td></td><td></td><td></td><td></td></tr>
<tr><td>最理想的情况</td><td>上 ×2</td><td>顺 ×2</td><td>右（上 ×2）</td></tr>
<tr><th colspan="4">如何判断有没有对齐？</th></tr>
<tr><td></td><td></td><td></td><td></td></tr>
<tr><td colspan="3">没有对齐</td><td>对齐了</td></tr>
</table>

第二步其实没有什么难点，我们需要做的就是把侧面对齐。如何理解对齐的含义？我们要在上一步的基础上完成下面一步，也就是我们要把白色棱块和侧面对齐，因为它们是要被放到下面去的。初学者最容易犯的错误就是误以为第一种情况也对齐了。其实并没有，因为黄色的色块是需要被留在最上面的，是属于第三层的色块。如果有没对齐的色块，其实也很容易解决，只需要不断地转动顶层，直到有对齐的色块，然后再转两下放下去就可以了。做完之后我们应该可以得到底下的十字架，并且侧面都是对齐的样子。

第九节　第三步：第一层

第三步　第一层			

目标	上左下右	（上左下右）×3	（上左下右）×5

做完十字架之后，我们就可以进入第三步的学习了。如果我们把复原魔方的过程比作建造一座大厦，那么做十字架就是一个打地基的过程。一个正确的地基可以帮助我们确定魔方的方位。当我们碰到上述三种标准情况的时候，我们可以通过做奇数遍的“上左下右”公式把上面的块放下去，白色朝右 1 遍，白色朝上 3 遍，白色朝前 5 遍。

这里有很重要的一点是，目标块必须在目标位置的上方。

<table>
<tr><th colspan="4">如何判断目标块是否在目标位置上方？</th></tr>
<tr><td></td><td></td><td></td><td></td></tr>
<tr><td colspan="2">是</td><td colspan="2">否</td></tr>
</table>

这个判断是一个比较难的地方，我们来进行一个简单的归纳和总结。我们知道底层一定是白色，如果你没有乱转将其转走的话。那么我们只需要看角块剩下的两个颜色，如果这两个颜色和前面与右面契合，那么角块的位置就是对的。如果角块除白色的两个颜色和周围的颜色不同，则角块位置错误。

右 上左下右	左（上左下右）×3	左 转体（上左下右）×5	左 转体 上左下右

如果我们碰到目标块不在目标位置上面的情况，有两种调整方法。我们可以先拨动顶层来移动顶层的块。例如，像上表中的魔方一样左右拨动。如果目标位置恰巧不在我们的右前方，那么我们可以横向转动魔方，直到目标位置出现在右前方，我们称之为“转体”。当然，这些都是如何把顶层的块放到底层来的技巧。如果不巧，我们需要的块恰巧在底层呢？这其实也分两种情况。

第一种：目标位被不相关的块占领		第二种：目标位被自己这块占领，但是朝向错误	
上左下右 1 遍 即可拿出		（上左下右）×2	（上左下右）×4

对于第一种情况，我们也可以选择暂时不处理这个块，也许这个块之后会因为原有块的归位而被踢出。

至此，我们只要多加练习，就能完全掌握第一层的复原，相信你也很清楚一层和一面的区别。最后我们再来梳理一下整个第一层我们所需要记忆的一些内容。主要是上左下右的遍数及其对应的情况。如果不记忆，我们也可以通过魔方的结束状态来判断公式是否做对，一直“上左下右”直到复原好一个角块，但是速度就会慢一些，也更容易做错。

第一层公式汇总				

上左下右	（上左下右）×2	（上左下右）×3	（上左下右）×4	（上左下右）×5

复原完第一层之后，我们就要开始第二层的学习。魔方的中间层需要两个公式，但都不是特别难记。在做公式之前我们要强调的是，在第三步时有一个小步骤需要调整，就是把目标块放到目标位的上面。在做第二层的时候，我们同样有这样的一个小步骤需要调整，那就是把目标块与侧面颜色对齐。是不是听上去有点熟悉？没错，这和第二步中的侧面

对齐异曲同工。

如何判断目标块是否对齐？			

是		否	

我们要特别留意一下为什么黄橙棱块依然没有对齐的情况。因为我们说过，黄色始终在顶上，黄橙棱块是不可能被放到第二层的，所以我们根本没有对齐它的必要。我们需要对齐的是最终要被放到第二层也就是中间层的块，如前面的红蓝和蓝橙色块。

第十节　第四步：第二层

第四步　第二层			

目标	公式 1：下右下右 下 左上左上	公式 2：上左上左 上 右下右下	右 + 公式 1

如果没有对齐，我们可以试着转动顶层，直到对齐，也就是形成一个“倒 T”一样的图案。然后我们需要把这个“倒 T”放在自己的右手边。这个时候我们需要判断，我们的目标块需要在魔方的前面还是魔方的后面。比

如第一种情况，因为是红蓝，蓝色在前，所以我们需要做往前移动的公式 1。第二种情况，因为是红绿，所以我们需要做往后移动的公式 2。如果一步步做这个公式你就可以发现，目标块归位了，同时别的块并没有受到影响。

当然我们可能运气不会那么好，碰到这样的块都刚刚好在第三层的情况，那怎么办呢，我们需不需要学新的公式呢？其实没有必要，已有的公式足够我们解决我们所遇到的各种情况。

<table>
<tr><th colspan="4">遇到这些情况怎么办？</th></tr>
<tr><td></td><td></td><td></td><td></td></tr>
<tr><td colspan="2">目标块不在目标位</td><td colspan="2">目标块在目标位但是并未复原</td></tr>
</table>

事情并不一定有我们想象的那么美好。在实战中，我们会碰到上表中的几种情况。我们还是把它们归为两类，一类是目标块不在目标位，另一类是目标块在目标位但是色向错误并未复原。你也许觉得似曾相识，因为我们在第三步的时候也提到了类似的情况。回想一下之前我们是怎么解决这个问题的，我们用了一个第三步的基础公式“上左下右”将占用块拿出。那么这一次我们就可以用到新学的公式。既然往前的公式 1 可以把上面的块放到前方，那么势必可以取出前面的块；同理，往后的公式也可以取出后面的块。我们可以试着做一下，当第二层的块重新回到第三层时，就又可以继续对齐并将块放下去了。

这两类情况都可以用这种方法处理，但是情况一我们建议大家先放置顶层可以放置的块，也许不经意间你就把第二层的块取出了。而对于后一类情况，我们则只能采用“取出再放回”的方法复原。我们不妨举一个例子。通过下表，你就可以明白如何处理这个第二层的最难的情况了。

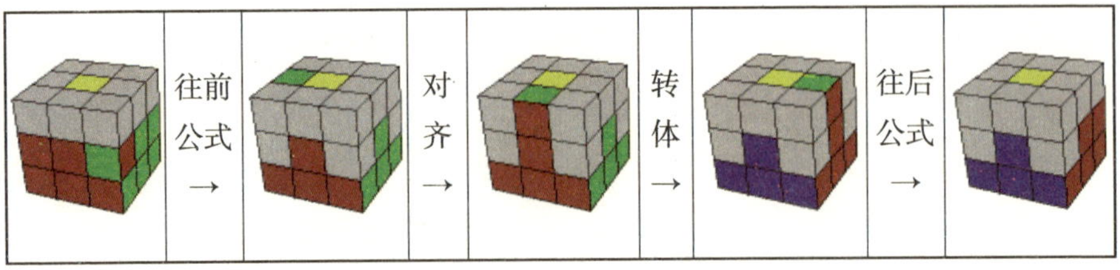

当我们完成了三阶魔方的前两层，我们就已经完成了整个复原过程的一半。随着魔方的状态不断地减少，我们会在后面的过程中更依靠一些固定的公式来使得我们能够调整特定的块而不影响已经做好的块。加油，胜利就在前方！

第十一节　第五步：黄色十字

第五步　黄色十字			

目标	公式 3：顺 上左下右 逆	公式 4：顺（上左下右）×2 逆	线 + 折 或 折 + 线

这个时候我们会用到两个新的公式。其实这两个公式也非常好记，它们是很短的公式，都只有六步，而且你再看一眼就会发现，六步中间有四步是我们的老相识——“上左下右”。两个公式的区别仅仅在于我们的“上左下右”是做一遍还是两遍。在你做公式之前，有两件事情要强调：手法和朝向。我们做顺逆的时候，还是左手拿前后，右手拿上下，用右手食指下压做顺，右手大拇指上提做逆。朝向的问题我们简单做一个表格你就能明白，和之前步骤的道理是一样的。

没有调整好		调整到位	

在这一步我们可能运气非常好，跳过了十字的步骤，也可能运气非常不好，顶上只有一个点。对于点的情况，我们可以采用线和折，也就是公式 3 和公式 4 叠加的方法解决。无所谓先做哪一个公式，先做其中一个公式就可以把点转化成另一种你会的情况。

第十二节　第六步：黄色顶面

第六步　黄色顶面		

目标	公式 5：上左下 左 上左左下	公式 6：上右右下 右 上右下

做完十字之后我们可能会遇见七种顶层的情况。听到七种情况你千万别慌，这不代表我们要背七个公式。要知道，第一步“小花”千变万化，我们却能够不用任何一个公式解决它。这七种中有两种最为基本的情况，我们称之为小鱼公式。公式 5 和公式 6 分别是小鱼 1 和小鱼 2，我们需要稍做了解。剩下的五种情况，都是通过这两个公式的两次叠加来处理的。在这里，我们要引入一种新的示意图——俯视图，来使我们更清楚地观察到魔方的状态。

公式 5+ 公式 5	公式 5+ 右 + 公式 5	公式 5+ 左 + 公式 6	公式 5+ 右 + 公式 6	公式 5+ 右 2[①] + 公式 6

对于这五种情况，我们统一地先在某一特定的方向做公式 5，随后转动顶层做公式 5 或者公式 6。最多只需要两个公式的叠加就能够处理顶层的情况，如果你没有，说明你的起始位置或者中间状态没有摆对。熟练了之后，你对于这些叠加将信手拈来，当然，这需要一定的练习。

第十三节　第七步：顶层角块

第七步　顶层角块		

目标	公式 7：下左（左上）左 2（上右下）左 2（左下）上	公式 7+ 左 + 公式 7

到这一步我们已经非常接近复原了，运气好的话你甚至可以复原魔方的三个面。当然，我们的目标是完全复原。我们可以看到有一面会有两个有同样颜色的角块，我们称之为“眼睛”。我们需要做的就是把“眼睛”朝着自己，

① “右 2”“左 2”表示往右或往左转 2 下。

随后正确地做公式。当然，我们也会遇到没有“眼睛”的情况，这个时候我们可以采用叠加的技巧，在任意方向先做一遍公式 7，调整，然后再做一遍。

做完这一步之后，我们就可以得到一个四面都是“眼睛”的情况，这也就意味着我们的角块都已经复原了。至此，我们还剩下最终的第八步，万里长征的最后一程——“顶层棱块”。

第十四节　第八步：顶层棱块

<table>
<tr><th colspan="4">第八步　顶层棱块</th></tr>
<tr><td></td><td colspan="2"></td><td></td></tr>
<tr><td>完成</td><td colspan="2">公式 8：上 2 左 上左下右 下 右 下左下</td><td>公式 8 × 2</td></tr>
<tr><th colspan="4">四棱换的叠加</th></tr>
<tr><td></td><td>公式 8+ 右 + 公式 8</td><td></td><td>公式 8+ 左 + 公式 8</td></tr>
</table>

最后一步我们需要新学一个公式，就是公式 8。一样地，在下面我们会做一个分步演示。在顶层我们总共会出现两种三棱换。我们在复原三棱换的过程中一定要把好的一条[①]放在后面，也就是我们看不见的位置。并且

① 公式 7 为眼睛公式。“好的一条”指“眼睛”。

注意摆对四棱换的方向，对棱换因为四个方向都对称，无须注意太多；但是对邻棱换要注意方向，判断是左前交换，还是右后交换。

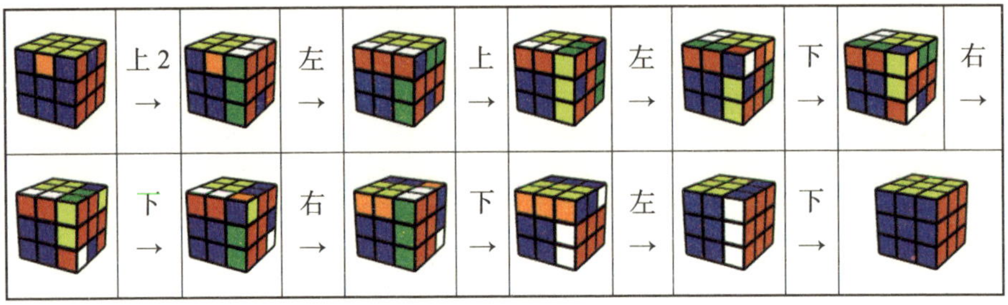

至此，你已经学会三阶魔方全部的复原步骤。恭喜你！也许你会激动得跳起来，或者赶忙发一条朋友圈或者微博，又或者你会很高兴地让别人打乱魔方，想要再尝试一次。总之，此刻的心情是非常值得记录的，并且你很难再有类似的体会。我第一次复原三阶魔方是在 2012 年，对照着魔方小站的教程一步一步来，花费了近一周的时间。我很庆幸当时的我没有因为中间遇到的种种困难而将魔方弃置一边，我选择了迎难而上。而这个勇敢的举动带给了我许多意想不到的回报。

也许你多年以后会忘记魔方如何复原，但是你曾经复原过，喜爱过，本身就是一件很有价值和意义的事情。又或者当你偶然在街角看到一个玩魔方的少年，或者当你的孩子拿起魔方问你这个是什么、怎么玩的时候，你心中的梦想又重新被点燃，这都是有可能的事情。我们真的很难再找到任何一个发明，能够看似如此简单却同时拥有这么复杂的变化，能够拥有如此长久的生命力。魔方早已跨越了国界，成为一种别样的世界语言。从这点来说，我们还是十分感谢它的发明者鲁比克教授的。

最后，我有一句话想送给每一个正在学和已经学会的朋友，也是凯迪拉克的著名宣传语："所有的伟大，源于一个勇敢的开始。"加油！前方有全新的挑战等待着我们。

第三章

三阶魔方高级教程

第一节　高级玩法的转动表示

嗨！很高兴能再见到你。你已经体会过了复原一个魔方是多么激动人心的一件事，但是你可能逐渐意识到，仅凭现有的知识，无法达到 20 秒的水平，更不要说更快的速度。你已经不再局限于“我能够复原魔方”这个对你来说轻而易举的任务，你期待着有一天告诉别人“我能够很快地复原魔方”了。那么接下来我就分步介绍一下三阶速拧的提高有哪些技巧。

首先我们要了解的是魔方的转动表示方法——Singmaster 法。也许经过不少练习，你已经非常熟悉我们构建的中文表示方法，然而世界通用的转动表示方法，却是用的英文字母。我们不妨来看一下会发生哪些变化。

想一想，字母和中文有什么对应关系，有哪些区别和联系？其实 R 代

表的是 right，U 代表的是 up，F 代表的是 front，L 代表的是 left。每个层的顺时针转动我们用字母自身来表示，而逆时针转动我们则选择加一撇表示，如果是转动 180 度，我们就在后面加个 2。下面这张图可能看起来更为明晰。

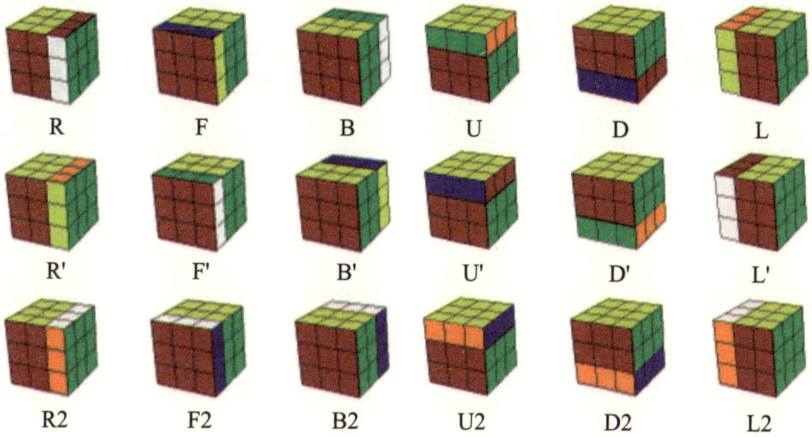

同时，我们多了两个新朋友 B 和 D，不过没关系，简单介绍一下，我们就能理解 B 和 D 是哪层的转动了。B 代表 Back，D 代表 Down，参照图示可以尝试一下。我们说顺时针不带撇而逆时针带撇，那如何判断顺逆时针呢？记住一定要把你要转动的那一面朝向你，然后才可以判断。所以事实上，L' 和 R 虽然差个撇，但都是往上的效果，同理 F 和 B' 同方向，U 和 D' 同方向。

入门复原步骤一览			

第一步　白色小花	第二步　白色十字	第三步　第一层	第四步　第二层

续表

入门复原步骤一览			

第五步　黄色十字	第六步　黄色顶面	第七步　顶层角块	第八步　顶层棱块

第二节　白色小花的技巧

我们先来看一下第一步白色小花有什么技巧。做白色小花的时候，我们会碰到上面两种情况。我们先来复习一下如何处理这两种情况。左边：FU' R；右边：R。

那我们是不是可以做一个取舍？想一想，其实是可以的。我们应该先做右边那种情况，因为它一步就可以拼成小花，而左边需要三步。我们知道，在转动魔方时，除了影响我们想要影响的目标块以外，还会影响其他的块。我们先处理简单的块时，或许就能够把别的情况转化为更简单的情况。

要掌握一个原则：先处理简单的情况。

同时，我们知道，对于右边这种情况，也许不需要做一个R，往上的步骤。我们只需要做一个 R'，就可以做好底下的一组十字。当然前提是，它要和侧面是对齐的。此时你可以在十字部分尝试的两件事就是，一是尽可能简单地做出小花，在中间的时候就做好部分十字。二是由于十字的情况很多，所以限制反而很少，要充分利用十字前期的灵活性来为后面的复原留出足够的时间。

做第一层的时候，我们也需要先做比较简单的情况。哪种情况相对来说比较简单呢？角块在上面的要比在下面的简单，位置正确的要比位置错误的简单。当我们学会了判断一个块的复原难易程度之后，就可以对块处理的先后顺序做一个取舍。先把一个简单的块放到它该去的位置，就可以同时把在该位置的错误块拿出来。

第三节　第一层的简化思路

左边比右边简单		左边比右边简单	

此外，做第一层公式的时候，我们也会有更简单的选择。我们在基础复原方法中学过“上左下右”，翻译成字母就是“R U R' U'”。我们也说过上左下右的逆公式如何推理，是“左上右下”，即“U R U' R'”。在第一层的复原过程中，活用两个公式会提高我们的效率。当我们需要正着做 5 遍 R U R' U' 的时候，只需要倒着做 1 遍 U R U' R' 就可以复原。当我们需要正着做 4 遍 R U R' U' 的时候，只需要倒着做 2 遍 U R U' R' 就可以复原，它们的和为 6。掌握了这个技巧，我们最多可以减少 16 步转动。我们来看看改良版的公式。

第一层公式汇总				

R U R' U'	（R U R' U'）×2	（R U R' U'）×3	（U R U' R'）×2	U R U' R'

第四节　第二层的简化思路

那么第二层又有哪些技巧呢？我们曾经说过对于下图这种情况，要先做一个往前的公式，把红蓝块取出，随后对齐，再做一个往后的公式放好红蓝块。实际上真的一定要这么做吗？答案是否定的。一样的，如果我们先放下去一个蓝橙块，我们就一定会把红蓝棱块踢出来，而不必特意用公式拿出这个块。这样的“选取简单的先做”的原理，我们之前反复提到过。

我们再来复习一下第二层的两个原有的公式，用字母的形式来表示。然后我们注意到要新学一个公式，叫作翻棱公式，这个公式对于处理棱块归位色向错误的情况非常简洁高效，再也不用取出再放回了。“( ) 2”表示“( )”内的公式需要重复两次。

(R' U') 2 R' (U R) 2	(R U) 2 R (U' R')	(R U2 R' U) 2 F' U' F

第五节　顶面的简化思路

第三层黄色十字有什么技巧呢？首先，把我们已经会的公式整理成字母的形式。我们发现多了一个新的公式，和公式3有点相像，但不完全相同，就是两层转的公式。f 的转动要把上下捏住魔方的右手后移，用食指去压前面两层，f' 也类似，大拇指稍微往后再提。

目标	公式3：F(RUR'U')F'	公式4：F (RUR'U') 2 F'	或 f(RUR'U')f'	叠加

俯视视角看这种情况会更加清楚，我们对于同一个公式可以从不同的方向开始做，这也就是我们说的“多向”公式。

	F（R U R' U'）2 F'		f（R U R' U'）f'[1]

做完十字之后我们可能会遇见七种顶层的情况。我们在初级方法里面采用的是小鱼叠加的方法，每一种情况都有对应的公式，这将会是我们第一次面临大量的公式挑战，但我们也可以借此学习如何进行公式的记忆。我们在记忆公式之前首先要秉持的原则是：先挑简单的记。

七个顶层十字公式			
	R U2 R' U' R U' R'		R U R' U R U2 R'
	F（R U R' U'）3 F'		R U2'（R2' U'）（R2 U'）R2' U2' R
	（r U R' U'）（r' F R F'）		F'（r U R' U'）r' F R
	R2 D'（R U2 R'）D（R U2 R）	没有啦，一共七个。	

① 小写字母指带中层的双层转动，其中不带撇的是顺时针，带撇的是逆时针。

我们依次看这七个公式，前两个是我们已经掌握的小鱼公式，自不必多说。那么我们仔细看一下第三个公式就会发现，和我们学过的公式 F（R U R' U'）F' 也很相似，只不过差了括号后面的一个数字。我们通过改变做上左下右也就是 R U R' U' 的次数，构成新的公式。R U R' U' 的次数最好不超过 3 次，我们还记得这个公式是 6 次一个循环，超过 3 次我们就需要做逆公式 U R U' R' 来解决，不然的话效率会很低。你可以自己试试看正着 1 次、2 次、3 次三种情况和逆着 1 次、2 次的五个公式，不要忘记六步公式里面最先的 F 和最后的 F' 是不会改变的。

第四个公式有一些难记，但是我们强调的是手法，而且是手法中的起手。所谓起手，就是一开始手要怎么摆。一开始右手应该捏住前后，然后往上，左手拨两下，然后本来在上的大拇指转到底下，本来在下的食指转到顶上做一个 R2'，左手拨一下，大拇指、食指位置互换完成 R2，这样不断地捏住魔方的 R2 和 R2'，才能保证手法的流畅。切记不要做完一个 R2 就换一种手的拿法，然后重新做一遍 R2，这是大忌。这里我们会发现 R2 和 R2' 有着细微的差异，尽管这两种转动的最终效果是相同的，但是路径有所差别。R2 从右侧面看是顺时针的，R2' 则是逆时针的，两者在手法上区别很大，我们要根据实际情况适当取舍。

第五个公式其实是两个基本手法的叠加，前面是 R U R' U'，后面是 R' F R F'，这个在基础手法中我们也提到过。差别在于两个基本手法的第一步是 r，小写的 r 也就代表两层一起往上。只要记住这两点，这个公式就很容易记住了。但是我们直接在复原的魔方上做这个公式，并不会出现对应的情况。我们之前做公式都会出现对应的情况。这一次做（r U R' U'）（r' F R F'）我们会得到右边的情况。

我们有两种选择。第一种选择当然是做逆公式得到我们想要的情况，第二种选择我们可以做右边的公式得到左边的情况，所以两个公式结合起来练习是一种更好的办法。第五个公式形似两个鱼头，斜过来看像是领结，虽然有些难，但是中间还是有个 r U R' U'，不算难记。

最后一个情况形似坦克。做法是先做 R2 D'，随后做 R U2 R'，然后做 D，最后做 R U2 R。特别要注意的是 D' 和 U 是同方向的，D' 要用右手无名指从下面拨一下，D 则需要左手无名指拨一下，其实和拨 U U' 的道理类似，不能用整只手去做底下的转动。最后是 R U2 R 而不是 R U2 R'。如果按照这样分割记忆，能够比较容易地记下来。

第六节　顶层的简化思路

当然，对于上面所有的公式，除了按照各自的方法由易到难以外，大量的练习也是必不可少的。只有反复不断地使用这些公式，才能最终熟悉每一种情况的起始方向和对应公式。下面继续我们的提速教学，顶层角块应该如何完成？我们已经掌握了一个邻角换的公式，之前遇到对角换的情况我们一般采用公式叠加的方法，现在可以直接做对角换的公式。

公式 5：（R' U L'）U2（R U' R'）U2 L R	对角换 F R U' R' U' R U R' F'（R U R' U'）（R' F R F'）

最后一层我们也有新的公式要记忆，顺、逆时针的三棱换、对棱换和邻棱换的四棱换。我们之前学过的唯一公式是三棱换公式，现在我们要掌握所有的棱换公式，也叫作 EPLL。逆时针三棱换就是顺时针的公式。我们

要特别留意里面如果有（R U R' U'），会有助于我们的记忆。此外，棱换公式的最后几步是很容易看出来的，因为只差几步就复原了。对于棱换我们一般采用中层的公式，区别于之前的 R U 为主的公式（R U 流），我们称之为 M 流。首先我们来熟悉一下中层的三种转动——EMS，和邮政特快专递服务的英文缩写相同。其中，又以 M 最为常用。

对于两条四棱换的公式我有一个属于自己的记忆办法，由于 MU 是交替的，我会直接记数字，比如对棱换就是“21 22 21 2”，邻棱换则是“21 21 12 22 1”。

	R2 U（R U R' U'）R' U' R' U R'		R U' R（U R）2 U' R' U' R2
	M2' U' M2' U2 M2' U' M2'		（M2' U'）2 M' U2' M2' U2' M'

至此，你已经入门了魔方提高的技巧。接下来我们会进一步讲解魔方提高的一些知识，但是在此之前我希望你能练熟上述所有的公式。完全掌握上述方法需要几百次甚至上千次的练习，这里我们推荐使用 DCTimer 和 Twisty Timer 等一些比较专业的计时器，网页版的有 csTimer。练习时会显示 5 次或者 n 次复原的平均时间，便于对自己的水平有更准确的了解。也

可以买实物的专业计时器，模拟比赛的情况。

第七节　CFOP 的基础介绍

接下来我们讲一讲如何进一步提高复原魔方的速度。我们是时候去接触真正的高级方法 CFOP 了。当然，CFOP 和我们之前学习的层先法是同一体系的，如果之前打下了良好的基础，再去学习 CFOP，跨度除了 F2L 这部分以外，并不会特别大。下表中是我们进阶时稍微带过的 CFOP 流程图。

进阶复原步骤一览			

第一步　白色十字	第二步　前两层 F2L	第三步　黄色顶面 OLL	第四步　顶层棱角 PLL

第八节　CFOP 中十字的做法

学习十字的进阶之前我们必须牢记上黄下白、前蓝后绿、左橙右红。记住这个相对位置有什么作用呢？我们来看看下面两种情况。这两种情况的十字是正确的还是错误的？你的第一反应可能是，颜色这么错乱一定是错误的。实则不然，我们可以看到，下页上方两个图中，左图十字的橙色棱块在蓝色棱块左边，右图的红色棱块在绿色棱块的左边。如果我们拿一个魔方参照一下，或者就以魔方本身的中心块做一个参照，不难发现，它们的相对位置其实是正确的。

如果上面这两种情况还有一些比较难理解的话，我们来看一下下面两个图。左图当然十分明显，就是一个做好的十字，然而右图呢？每一条都是对色，我们是不是也可以把它看作一个复原的情况呢？我们做一个 D2，就可以把它归位了。所以在复原的过程中，我们要做的不是每一条都对齐，也可以做成每一条颜色都相对的情况。甚至不一定需要相对的，只需要保证十字棱的相对位置正确就可以了。

十字有没有公式呢？原则上没有公式，因为十字可以变化的情况实在是太多了。但我们还是建议大家学一下下图的一些基本操作。比如，如何把顶上的一个错位块位置放下来；如何用一个块带动另外一个块。还有很重要的一点，在现阶段你做十字不能再“各人自扫门前雪”了，一定要“管管他人瓦上霜”，把相邻的十字棱放到一起做。先试试两个一起做，随后三个一起做，有可能的话四个一起做。

总结起来有两点原则：1. 先做十字后对齐；2. 尽可能统筹兼顾。

R' F

y' R2' F[①]

R' F R

R' D R'

R F

R u R'

R u' R (R' u R' or R D' F)

I U' I'

R D R' D' R

R' L

R L

F2 R L

再补充几条公式。在十字的复原过程中使用一些双层转效果是很好的，且双层转用于打乱也非常合适。合理地对双层转和底层转进行一些取舍可以控制魔方的朝向，方便第一组 F2L 的处理。

R u' R u	u' R u	D' F D	u R' u'	M2 U2 M2

第九节　CFOP 中 F2L 的做法

既然都提到 F2L 了，那么 F2L 是什么？就是 first 2 layers，前两层一起做。

① 小写字母代表双层转动，其中 x 表示按 R 方向，y 表示按 U 方向，z 表示按 F 方向。

这个是CFOP里学习门槛最高的一部分，但我认为这是其中最有趣的一部分。有限制也有发挥余地，有公式也需要深入理解，魔方的精髓就在于理解和公式的完美结合。学习F我们也要遵循一个由易到难的学习规律，我们先来看一下四个最简单的标准情况，又叫“标态”(basic inserts)。

标态			

(U) R U' R'	y' (U') R' U R	y' R' U' R	R U R'

我们可以进一步简化这四种情况，其实就两类，一类呈一条，另一类是分开的。括号内的U指的是这一个调整的步骤其实是可以省略的。理论上两种标态都可以通过三步完成。y' 指的是U' 方向的转动。而且标态的三步往往是以R和R' 为起止，中间有一次U的转动，稍微做一做就能理解。

当我们熟悉了所有标态之后，就可以尝试着把F2L做一个分类。首先分成两个大类：第一大类是棱块和角块都在顶上，第二大类是棱块和角块至少有一个不在顶上或者两个都在底下。对于第一大类，我们又可以分成两个块连在一起和两个块分开两种情况。不妨做一张表格：

<table>
<tr><td rowspan="2">棱块和角块都在顶上</td><td>分开</td></tr>
<tr><td>相连</td></tr>
<tr><td colspan="2">棱块和角块至少有一个不在顶上</td></tr>
</table>

F2L的本质就是把对应的棱块和角块先拼起来，然后用基本的方法入槽。面对一些比较困难的情况，我们可以借鉴公式，大致的思路就是如此。在刚刚开始接触F2L的时候，我们的建议是坚持两个原则：1. 先把所有的块拆开来；2. 保证棱块和角块是分开的。根据白色角块可能出现的三个方

向，我们再来整理一下情况。

（U）R U' R' 白色朝前	R U R' 白色朝右	白色朝上

也就是说，如果角块朝向侧面，我们要想办法转换成两种标态。如果角块朝上，我们就要用另外一种技巧。我们先来看看如何把各种可能出现的 F2L 情况转化为都在顶层而且分开的情况。主要就两个技巧，“拆”和“拿”。如果你多尝试几种 R U 的转动，或许可以实现直接在转换的时候就做成标态。

拆 R U2 R'	拆 R U' R'	拆 R U2 R'

拿 R U R'	拿 R U R'	拿 R U2 R'

当我们把这些情况全都转换成顶上分离的情况时，我们要做个判断：如果白色是朝着侧面的，顶上的颜色可能是同色的也可能是异色的，我们称之为顶面同色和顶面异色。我们要用一个藏角的方式去把这样接近标态的情况转化成标态。首先我们要找到角块，判断如果角块不动棱块应该在哪儿，这要求我们对标态的熟悉程度比较高。

顶面异色

判断完棱块要去哪儿之后我们要藏角，这里以左边的情况为例。首先要转动的是白色块所在的那一面，并且要把角藏起来，所以正确的转动是 R'。做 R' 之前我们要注意后面那一组 f 是不是已经做好了，如果没有做好，是一组空槽，那非常好。如果做好了，我们需要做一个 d 或者 U y' 保证我们做的 R' 不影响已经做好的任何一组 f。也许你会产生疑问，这样的话会不会找不到空槽？其实不会，无论如何，至少有一个空槽会留在那儿，就是你要做的那一组。

做完 R' 之后，我们就可以灵活地转动顶层了。把棱块调整到我们想要它去的位置，这里是 U，别忘了最后一步 R 归位，我们的调整也随之完成了。然后标态的插入对你来说肯定不成问题。

对于第二种情况，我们可以先做一个 U'，然后把角块转到左后方。随后用 R U' R' 转换成标态。为什么是 R U' R' 呢？ R 是白色所在的那一个面，同时 R 保证了角块被藏在了下面。角块藏好之后顶层就自由了，U' 调整后，棱块和角块的相对位置就形成了标态。

顶面同色

对于顶面同色的情况，我们就不能转换成顶面异色的标态了，而需要

转换成一条。对于左边这种情况，首先我们要做 R'，让开白色所在的那一面的角块，其次将棱块用 U' 调整过来，最后用 R 转回去。如果说后面那个槽已经复原了，那我们需要 d 把空槽转过去。右边的情况则需要用 R' 藏角，用 U2 把棱块转过来，用 R 转回去。当然我们也可以用 F、L 等转动去藏角，也许我们会藏棱，这些技巧我们没有太多的篇幅去介绍，需要你自已不断地去琢磨。有时候参考一些公式也会使你在做 F2L 的时候有所启发。

白色朝上				
	→			→	

白色朝上的时候，我们先要拆开连在一起的块，变成白色朝上的标态。随后转动顶层对齐，使得棱块的侧面颜色和侧面中心块对齐，这一步和基础方法中的中层棱块步骤很相似。然后我们把棱块上面的颜色向对色方向转动。比如，这里是蓝红的棱块，我们就需要对齐蓝色，然后红色朝橙色的方向转动。最后转动顶层和转下去的棱块拼成一组，就和我们处理标态的方法是一样的了。

接下来我们介绍一些比较特殊的 F2L。

棱块插入	

（R' U'）2 R'（U R）2	（R U）2 R（U' R'）2
（U'）（R' F R F'）R U R'	y（U）R U' R' U' F' U F
R' F' R U R U' R' F	y2（r U r' U'）（r' F r F'）

续表

棱块插入是初级复原中做完底层的后一步，在 CFOP 的高级复原方法中我们仍有可能遇到这样的情况，这是一个非常好观察的情况。因而我们有必要学习更多的公式，学习的过程中可以留意不同的公式对于顶层会有什么不一样的影响。

第二层一些小技巧——multi-slotting

棱块翻转	棱块交换
F（r U r' U'）3 F'	R2 U2' R2' U2' R2

不算 multi-slotting	棱块翻转交换
R2 U2 F R2 F' U2 R' U R'	D' R（F U F'）R' D（R U2 R'）
（R U2' R' U）2（F' U' F）	F（r U' r' U'）（r U2 r'）U' F'

如果你有比较好的层先基础，不难发现，在初级方法中很容易碰到这些情况。同时做好两组 f 的技巧我们叫作 multi-slotting，由于这些情况中角块的问题已经解决，所以这属于比较简单的 multi-slotting，非常值得一学。

R U R' U' 和 U R U' R' 构成的 F2L

R U R' U' R U R'	R U' R' U R U' R'	（R U R' U'）3

续表

<table>
<tr><td colspan="3">这三个 f 非常好记，原因在于当你稍微补齐结尾或者开始的 U 或者 U'，你就会发现这无非就是 R U R' U' 或者其逆公式的循环。你也一定记得在开始的时候我们曾经反复地练习过这个循环，现在你就能明白这个 6 次的循环，每一个都有各自的效果，在 f 中运用起来既顺手又合适。至此，你已经通过先理解后做公式的方法，学会了将近一半的 f，我们继续向所有的 f 发起挑战。</td></tr>
<tr><th colspan="3">进一步提升对 F2L 的理解（非完整公式，仅含前几步）</th></tr>
<tr><td></td><td></td><td></td></tr>
<tr><td>U' R U R'</td><td>R' U' R</td><td>U' R U2 R'</td></tr>
<tr><td></td><td></td><td></td></tr>
<tr><td>R U R'</td><td>R' U2 R</td><td>R U' R' U</td></tr>
<tr><td></td><td></td><td></td></tr>
<tr><td>y' U R' U' r</td><td>（U'）R U' R'</td><td>F' U F</td></tr>
<tr><td></td><td></td><td></td></tr>
<tr><td>R U' R'</td><td>R U2 R'</td><td>R U' R'</td></tr>
</table>

续表

F' U F	（U）R U' R' U'	R U R' U'

R' F R F'	（U'）R' F R F'	（U）R U R'

（U2）R U R'	（U2）R' F R F'	（U'）R U' R'

现阶段我们要进一步加深对 F2L 的理解，以便我们在把非标态的情况转换成标态时尽可能简洁高效。这里我们没有列出完整的公式，我们觉得在此时对于这些简单的情况已无必要，只需要提供前面几步的思路即可。在练习的时候我们也可以结合后面的 OP 一起练习而没有必要抓住 f 不放。对于魔方的复原，CFOP 每一步都至关重要，我们需要的是整体的提高。

在底层可能出现的情况（非完整公式，仅含前几步）		

R U R' U'	R U R'	R U' R'

续表

<table>
<tr><td colspan="4">一笔带过，有了前面的基础，处理这些情况肯定得心应手。</td></tr>
<tr><td colspan="4">空槽和伪空槽</td></tr>
<tr><td colspan="4">看了这么多 f 的情况，你心中一定感到非常压抑了，不想再看见这个图。那我们就来讲一下空槽和伪空槽这个非常实用的技巧。我们之前或多或少提到过空槽的概念，什么是空槽？简单理解就是没有复原的、可以被影响的那个槽。灵活应用空槽可以极大地减少 f 的步数。</td></tr>
<tr><td colspan="2">角块空槽</td><td colspan="2">棱块空槽</td></tr>
<tr><td></td><td></td><td></td><td></td></tr>
<tr><td>D' R U R' D</td><td>D' R U' R' D</td><td>D2 R U' R' D2</td><td>D R' F R F' D'</td></tr>
<tr><td colspan="4">稍微观察一下你就不难发现，无论棱块还是角块都适用空槽这样一个技巧。而且它们的步数和结构特别类似，第一步和最后一步都以底层 D 的转动为标准。我们要通过 D 的三种转动，把没有好的槽转到目标位，然后按照我们最普通的方法把棱块或角块插入，随后把底层调整回原样。显然，要使用这个技巧，要求我们至少有两组没有做好的 f。</td></tr>
<tr><td></td><td colspan="3" rowspan="2">事情也不是绝对的，当我们最后只有一组 f 的时候，我们也可以使用空槽。例如左图这种情况，我们可以先做一个 R'，人为地把顶层没转好的块拿下来当作空槽。然后正常使用空槽技巧，用 R 归位。这样的思路我们叫作伪空槽或者空槽转移。</td></tr>
<tr><td>R' D（R U' R'）D' R</td></tr>
<tr><td colspan="4">进一步对 F2L 进行公式化处理</td></tr>
<tr><td></td><td></td><td colspan="2"></td></tr>
<tr><td>r U' R' U R U r'</td><td>M' U' R U R' U2 R U' r'</td><td colspan="2">U R F（R U R' U'）F' R'</td></tr>
</table>

续表

Rw' U2 R2 U R2' U Rw	F（R U R' U'）F' R U' R'	F' L' U2 L F

F（U R U' R'）F' R U' R'	（U2）R2 U2（R' U' R U'）R2	R U F（R U R' U'）F' R'
对于一些比较复杂的 f，采用公式是一个很好的选择。这里列出的公式已经很难通过简单的理解去发现了，正可谓“此式只应天上有”，但是同时它们又特别适合用来减少转数。在 f 复原的后阶段，可用的空槽变得越来越少，我们就越来越需要公式帮我们巧妙地解决后两组尤其是最后一组 f，也可以尝试用公式去控制顶面的状态。总之，我们推荐在后面几组才用这些公式。这些公式还有一些很巧妙的思路值得我们借鉴。比如，在做 f 的时候，插入最简单的 OLL 去做好一组标态；再如，做 f 的时候可以有限度地破坏前两层。		

第十节　CFOP 中 OLL 的做法

F2L 到这里我们就讲得差不多了，熟悉这些情况需要比较长的一段时间。F2L 的后面一步是 OLL（orientíon of the last layer）。对于 OLL 我们也可以遵循一个由易到难的学习顺序，同时在 OLL 的学习中也要注重交叉记忆和比对记忆。前文已经反复提到过的十字 OLL 在此我们就不予列出了。

OLL 一览表（57 条）

01 02 03 04 05 06 07 08

09 10 11 12 13 14 15 16

17 18 19 20 21 22 23 24

25 26 27 28 29 30 31 32

33 34 35 36 37 38 39 40

41 42 43 44 45 46 47 48

49 50 51 52 53 54 55 56

续表

OLL 一览表（57 条）							

57							

R U R' U' 和 U R U' R' 构成的 OLL			

F（R U R' U'）F'	f（R U R' U'）f'	F（R U R' U'）2 F'	f（R U R' U'）2 f'

B'（U' R' U R）B	B'（U' R' U R）2 B	（r U r'）（U R U' R'）2（r U' r'）	（r U r'）（R U R' U'）2（r U' r'）

（r U r'）（R U R' U'）（r U r'）	（R' F' R）（L' U' L U）（R' F R）	（R U R' U'）M'（U R U' r'）	（r U R' U'）M（U R U' R'）
这里列出的 OLL 有一个共同的特点，就是都以 R U R' U' 或 U R U' R' 为主体。根据它们的形式，我们非常容易地就可以自己拓展出一些多向公式，如 f（U R U' R'）f' 等。OLL 公式本身并不太难，并且，“学之，则难者亦易矣”。同时，我们要注意 48 和 54 两种情况的侧面区分。			

续表

<table>
<tr><th colspan="4">对已会情况的扩充</th></tr>
<tr><td></td><td></td><td></td><td></td></tr>
<tr><td>F（R U R' U'）F'</td><td>（R U R' U'）（R' F R F'）</td><td>（F R' F' R）（U R U' R'）</td><td>（R U2 R'）（R' F R F'）（R U2 R'）</td></tr>
<tr><td></td><td></td><td></td><td></td></tr>
<tr><td>R U B'（U' R' U R）B R'</td><td>（r' F' U F）（r U' r' U' r）</td><td>（r U r'）（U R U' R'）2（r U' r'）</td><td>r U2 R' U' M（R U R' U'）（r U' r'）</td></tr>
<tr><td></td><td></td><td></td><td></td></tr>
<tr><td>R' U'（R' F R F'）U R</td><td>r' U2（R U R' U'）（R U R' U）r</td><td>R U R2 U' R' F R U R U' F'</td><td>R' F' U' F U' R U R' U R</td></tr>
<tr><td colspan="4">对已有的情况做一些对比，然后慢慢掌握形似但不同的情况。不用担心中间会有重复的情况，适度的重叠反而更有利于公式的学习。慢慢地，你已经掌握了大约一半的 OLL，我们下面将介绍一些小鱼衍生公式。</td></tr>
<tr><th colspan="4">小鱼衍生 OLL</th></tr>
<tr><td></td><td></td><td></td><td></td></tr>
<tr><td>r' U2 R U R' U r</td><td>r U2 R' U' R U' r'</td><td>r U R' U R U2 r'</td><td>r' U' R U' R' U2 r</td></tr>
<tr><td colspan="4">这四种是非常典型的小鱼两层变形，7 步的 OLL 非常简洁，我们也非常推荐背这些公式。</td></tr>
</table>

续表

M（R U R' U R U2 R'）U M'	M（L' U' L U' L' U2 L）U' M'	（R U R' U R U2 R'）F（R U R U'）F'	（U）（R' F R F'）2（R U R'U'）2

最后一种情况也可以做倒数第二种的镜像，但是我们列出了另外一种比较巧妙的解法。这是一个典型的手法组合的公式，下面我们将介绍一些类似的情况。

基于基本手法的组合

（R U2'）（R2' F R F'）U2（R' F R F'）	F（R U R' U'）F' f（R U R' U'）f'	f（R U R' U'）f' U' F（R U R' U'）F'	f（R U R' U'）f' U F（R U R' U'）F'

（R U R' U'）（R' F R2 U R' U' F'）	（R U R' U）（R' F R F'）（R U2 R'）	（R U R' U）（R' F R F'）U2（R' F R F'）	（r U R' U R U2 r'）（r' U' R U' R' U2 r）

（R U R' U'）（F' U2 F）U（R U R'）	（R U R' U）（R U' R' U'）（R' F R F'）	R' F（R U R' U'）F' U R	（R U R' F'）U' F U（R U2 R'）

这一部分的公式既有手法的组合，也有基本手法衍生公式的组合，总体的特点就是需要分段理解并记忆。

续表

<table>
<tr><th colspan="12">难做或难观察的情况</th></tr>
<tr><td colspan="3"></td><td colspan="3"></td><td colspan="3"></td><td colspan="3"></td></tr>
<tr><td colspan="3">R' F R U R' F' R F U' F'</td><td colspan="3">F U R U' R'2 F' R U R U' R'</td><td colspan="3">M U(R U R' U')M'(R' F R F')</td><td colspan="3">(r U R' U') M2 (U R U' R') U' M'</td></tr>
<tr><td colspan="3"></td><td colspan="3"></td><td colspan="3"></td><td colspan="3"></td></tr>
<tr><td colspan="3">(R U R' U') (R U' R') (F' U' F) (R U R')</td><td colspan="3">f R U R2 U' R' U R2 U' R' f'</td><td colspan="3">R B' R'2 F R2 B R'2 F' R</td><td colspan="3">r' U r2 U' r2' U' r2 U r'</td></tr>
<tr><td colspan="12">“行百里者半九十。”这些都是我认为比较难记的 OLL，多花点时间去记忆吧。</td></tr>
<tr><th colspan="12">OLL 区分观察练习</th></tr>
<tr><td colspan="12">最后，针对易混淆的情况我们再来列表回顾一下。</td></tr>
<tr><td colspan="2"></td><td colspan="2"></td><td colspan="2"></td><td colspan="2"></td><td colspan="2"></td><td colspan="2"></td></tr>
<tr><td colspan="3"></td><td colspan="3"></td><td colspan="3"></td><td colspan="3"></td></tr>
<tr><td colspan="3"></td><td colspan="3"></td><td colspan="3"></td><td colspan="3"></td></tr>
</table>

续表

这些易混淆的情况需要投入更多的时间进行钻研才能融会贯通，一起掌握才算是全部掌握了。			

第十一节　CFOP 中 PLL 的做法

OLL 学习完成后，我们只剩下最后一步 PLL（permutation of the last layer）要学。比起 57 个 OLL，PLL 的数量要少很多。但是 PLL 的公式相较 OLL 步骤是比较多的，不过我们只要细心，还是能够发现一些 PLL 中的共同构成的。之前我们已经接触过所有的棱换 PLL，我们称之为 EPLL。我们在观察那些情况的时候只是看侧面的颜色而不是看块如何运动，之后的 PLL 观察也要使用这个方法。我自己并没有刻意练习什么六格观察，我认为也没有必要。

PLL 一览表（21 条）						

01 Ua	02 Ub	03 Aa	04 Ab	05 Z	06 H	07 E

续表

PLL 一览表（21 条）						

08 T	09 V	10 F	11 Ra	12 Rb	13 Jb	14 Ja

15 Y	16 Ga	17 Gb	18 Gd	19 Gc	20 Nb	21 Na

在 PLL 的学习中，我们默认你对于棱换已经很熟悉了，就好像在 OLL 的学习中默认你已经掌握了所有十字 O。学习每一步的时候都一定要稳扎稳打，确保掌握。除了棱换，我们再来看看角换。

角换		

x' R U' R D2 R' U R D2 R2	x' R2 D2 R' U' R D2 R' U R'	x' R U' R' D R U R' D' R U R' D R U' R' D'
一个角好了，前面有一对“眼睛”	一个角好了，侧面有一对“眼睛”	四个面都很乱
三角换是比较好学的，也许你之前在学习的过程中也有所接触。切记要转体做这个公式，D2 要用左手的无名指、小指连拨，而不能因为方便用捏在魔方上的手指去拨。而四角换其实是两个 OLL 的叠加，四角换这个公式的性价比就高在这个地方，学一条等于学三条。		

续表

<table>
<tr><th colspan="3">R U R' U' 和 R' F R2 U' R' 构成的 PLL</th></tr>
<tr><td>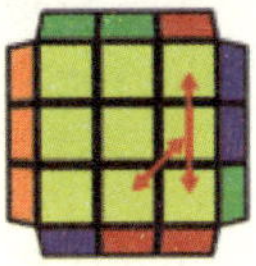</td><td></td><td></td></tr>
<tr><td>R U R' F'（R U R' U'）（R' F R2 U' R' U'）</td><td>（R U R' U'）（R' F R2 U' R' U'）R U R' F'</td><td>R' U' F'（R U R' U'）（R' F R2 U' R' U'）R U R' U R</td></tr>
<tr><td>左侧一条，剩下三个面有112[1]</td><td>左侧有对色的一条，前面左侧 112 相连</td><td>左侧一条，剩下的都很乱</td></tr>
<tr><td></td><td colspan="2"></td></tr>
<tr><td>R' U2 R U'2 R' F（R U R' U'）R' F' R2 U'</td><td colspan="2">（R U R' U）（R U R' F'）（R U R' U'）R' F R2 U' R' U2 R U' R'</td></tr>
<tr><td>前面邻色“眼睛”，左侧 112 相连</td><td colspan="2">四面都是对色的 112，且前面右侧 112</td></tr>
<tr><td colspan="3">R U R' U' 我们已经很熟悉了，那么 R' F R2 U' R' 是什么呢？这是 PLL 中很常见的一种手法。而且这些情况都有很明显的特征，很好记。最后一种情况可以用 R' U' F' 变成第一种情况。做完 R' U' F'，原来的棱换和角换就转变成了第一种的交换方式，我们就可以用第一个公式了。最后一个公式实质上也是一种 setup，尽管它看上去很长，但实际上是很好背的。</td></tr>
<tr><th colspan="3">剩余的两角两棱换</th></tr>
<tr><td></td><td></td><td></td></tr>
<tr><td>R' U R' U' y R' F' R2 U' R' U R' F R F</td><td>（F R U' R' U' R U R' F'）（R U R' U'）（R' F R F'）</td><td>（R' U L'）U2（R U' R'）U2 L R U'</td></tr>
<tr><td>左前方有个角，剩下的都没有“眼睛”，很乱</td><td>右前方对色 112 夹住一个块</td><td>同样是一条，剩下 112，右侧 112 相连</td></tr>
</table>

[1] 指 2 个相同颜色的块加上 1 个不同颜色的块。

续表

(R' U2 R U'2)R' F R U R' U' R' F' R2 U'	R U' R' U' R U R D R' U' R D' R' U'2 R' U'	R'（U R U' R'）F' U' F R U R' F R' F' R U' R
前面邻色“眼睛”，左侧 112 相连	前面邻色“眼睛”，右侧 112 相连	四面都是对色的 112，且前面左侧 112

剩下没记的只有 6 个两角两棱换。许多公式可以做一个简单的分段，其实都是很好记的。其中，第 2 条公式（R U R' U'）（R' F R2 U' R' U'）R U R' F' 可谓 PLL 中性价比最高的一条公式了，学一条等于学两条 OLL 和一条 PLL，很划得来。还是要提醒一下，观察这些情况时不要去看箭头。比如，看第一种情况，你只需要看到一个角上复原了，而且它还不是三角换，就可以判断出这是什么情况了。

三角三棱换

R U R' y' R2 u' R U' R' U R' u R2	R' U' R U D' R2 U R' U R U' R U' R2 D
左侧对色“眼睛”，右侧 112 在前	左侧对色“眼睛”，右侧 112 在后

R2 u R' U R' U' R u' R2（F' U F）	R2 u' R U' R U R' u R2 y R U' R'
左侧邻色“眼睛”，前面 112 在右	左侧邻色“眼睛”，后面 112 在右

三角三棱换在整个 CFOP 里面我认为是最难记的，没有什么规律可言。所以这一部分特别需要大量的练习，才能区分这些情况，并使用对应的公式。要留意的是三角三棱换有一些两层转的步骤，这些情况在高阶里面转起来不是很舒服，需要替换的话可以自己研究或者上 algdb.net 挑一些自己喜欢的公式。

第十二节 CFOP 后的进阶方法

到这里，我们总算是学完了 CFOP 的所有公式（119 个）。是否像你想象的那么难呢？还是尽管困难，你却乐在其中？理论上，CFOP 熟练后可以很容易地达到 15 秒甚至 10 秒的水平，但是这个时候你肯定不甘心只掌握 CFOP 的技术，也许你会对 CFOP 的进阶有更大的兴趣，抑或早已开始尝试别的复原体系——如桥式。

我们可以看到，CFOP 本身并不是完全割裂的，每一步都和后面的一步产生了一定程度的重叠。在此，我们简单地解释一下这些重叠部分的方法是什么意思。

我们在做十字的时候，可以同时做好一组 f，这样我们就有了一个扩展版的十字（extended cross），又叫作 EC 或者 xcross。如果我们运气很好或者实力很强，我们甚至可以在做完十字的同时做好两组 f，那么这个就是 double extended cross，又叫作 xxcross。什么是伪十字呢？其实也很好理解，伪就是假的，如我们在做十字的时候可以故意留一组没有交换的对色错位十字，直到最后棱换的时候才交换。为什么是对棱？因为对棱交换的方法相对简单。

multi-slotting 指的是我们可以用一些特定的公式或者技巧来同时完成两

组 f。WV 是指当我们最后还剩下一条的时候，如果顶上三个棱块的朝向都是正确的，可以用公式来跳 O。VHLS 和 ZBLS 则是分别针对标态和所有 f21 的跳棱方案。

如果顶层棱块被跳掉了，那我们就需要 COLL 和 ZBLL 进行衔接，COLL 效力稍微弱一些，可以把所有十字 O 转化成棱换，ZBLL 则更强一些，可以直接做好所有的十字 O 而不需要 PLL，那么相应地，ZBLL 公式也会多很多。OLLCP 指的是我们可以针对任何 OLL 使用公式来确保我们出现的是棱换，结果和 COLL 是一样的，只是使用的对象不同。空出棱换有什么好处呢？最大的好处就是节省 PLL 的时间，保持复原时间的相对稳定。

在最后我们将列出一些自己整理的部分 COLL、WV、ZBLS、ZBLL 的公式，希望对各位有所帮助。

第十三节　CFOP 后的高级公式

COLL [40 CASES]	
H CASE	

F（R U R'U'）3 F'	（R U2 R'）U'（R U R'U'）R U'R'

（R U R'U）R U L'U R'U'L	F R U'R'U（R U2 R'）U'（R U R'U'）F'

续表

Pi CASE	

R U2 R2 U' R2 U' R2 U2 R	R U D' R U R' D R2 U' R' U' R2' U2 R

（R U' L' U R'）U L U L' U L	R' U' F'（R U R' U'）R' F R2 U2' R' U2 R

（R U R' U'）R' F R2 U R' U'（R U R' U'）F'	R' F2（R U2）2 R' F2 U' R U' R'
U CASE	

R2 D' R U2 R' D R U2 R	R2 D（R' U2 R）D'（R' U2 R'）

x' R2 D2（R' U2 R）D2 R' U2 R'	（R' U2 R）F U' R' U' R U F'

R'（F R U' R' U' R U R' F'）（R U R' U'）（R' F R F'）R	R' U' R U' R' U2 R2 U R' U R U2 R'

续表

T CASE	

（r U R' U'）（r' F R F'）	R' F' r U R U' r' F

R U2 R' U' R U' R'2 U2 R U R' U R	R' U R2 D（r' U2 r）D' R2 U' R

x'（R U2 R）D2（R' U2 R）D2 R2	R' U R U2 L' R' U R U' L
L CASE	

F'（r U R' U'）r' F R	F R' F' r U R U' r'

（R' U2 R'）D'（R U2 R'）D R2	（R U2 R）D（R' U2 R）D' R2

r U2 R'2 F R F' R U2 r'	R U2 R' U'（R U R' U'）2（R U' R'）

续表

S CASE	

R U R' U R U2 R'	（U2）R U R' U L' U R U' L U2 R'

R U' L' U R' U' L	R2' D' R U2 R' D R2 U R' U R

L' U2 L U2 R U' L' U M'	R U R' U R U' R D R' U' R D' R2'
AS CASE	

R' U' R U' R' U2 R	R' U' R U' R' U R' D' R U R' D R2

r' F R F' r U R'	R U R' F' R U2 R' U2 R' F R2 U' R'

R U2 R' U2 L' U R U' R' L	R2 D R' U R D' R' U R' U' R U' R'

WV [27 CASES]

简介：WV 是 winter variation 的缩写，作用是当你做最后一组在右前方的一组并起来的 f，且三个棱块的色向都是正确的时候，可以通过 27 个公式把 O 跳掉。WV 的公式不多，有一些难背，但是都很有趣。

7 PIECES ON TOP [1 CASE]

	（U）L' U2（R U R'）U2 L （d）（r D r'）U'（r D' r'） （U'）L' U2 R U' R' U2 L （U）（y2）R' U2（L U L'）U2 R

6 PIECES ON TOP [2×3=6 CASES]

U R U' R'	R' F（R U R U'）R' F'	（U）R2 D（R'U'R）D'R2

U R U' R' + Anti-Sune	（R U' R' U2）2 R U R'	（U）（R U R' U'）R U' R'

5 PIECES ON TOP [4×3=12 CASES]

（U2）R U' R' U R U2 R'	（U2）F'（RU2R'）U2 R'F R	（U2）R' U' R2 U' R2 U2 R

R' F R2 U R' U'（R U R' U'）F'	R' F2 R F2 U（r' F r）	（U2）R2 D（R' U2 R）D' R2
（U）R U R2 U' R2 U' R2 U2 R	U R U2 L U L' R' U2 L U L'	（U2）L' U R U' L U2 R'

续表

<table>
<tr><td colspan="2"></td><td colspan="2"></td><td colspan="2"></td></tr>
<tr><td colspan="2">（U2）R U2' R2' U' R U' R' U2 R</td><td colspan="2">r' F R F' M'</td><td colspan="2">R' F' R U2 R U2' R' F</td></tr>
<tr><td rowspan="3"></td><td rowspan="3">U2 R U2 R'</td><td rowspan="3"></td><td colspan="3">（U2）L'（R U R' U'）L（R U2 R'）</td></tr>
<tr><td colspan="3">（U）R' D'（R U R'）D R2 U2' R'</td></tr>
<tr><td colspan="3">（U2）R U' R' U' R' F R U R U' R' F'</td></tr>
<tr><td colspan="2" rowspan="3"></td><td colspan="4">R' F2 R2 U' R' U' R U R' F2</td></tr>
<tr><td colspan="4">（U2）L' U R U' R' L U' R U' R'</td></tr>
<tr><td colspan="4">4 PIECES ON TOP [8 CASES]</td></tr>
<tr><td></td><td>（U2）R U2 R2 U2' R U R' U R</td><td></td><td colspan="3">（U2）R U' R' U R U' R' U R U2 R'</td></tr>
<tr><td></td><td>（U）R U' R2 U' R U' R' U2 R</td><td></td><td colspan="3">（U）R U R' U' R U R' U' R U' R'</td></tr>
<tr><td rowspan="3"></td><td>（U2）R U' R D R' U' R D' R2</td><td rowspan="3"></td><td colspan="3">R2 U R' U R' U' R U R U2 R2</td></tr>
<tr><td>（U）R U' R2 U2 R U R' U R</td><td colspan="3">（U2）R' U L U' R2 U L' U R'</td></tr>
<tr><td>（U2）R2 D R' U' R D' R' U' R'</td><td colspan="3">（U2）R U R' U' R U R D R' U R D' R2'</td></tr>
<tr><td rowspan="2"></td><td>（U）R U' R' U' R U R' U R U2 R'</td><td rowspan="2"></td><td colspan="3">（U）R U R D R' U2 R D' R2</td></tr>
<tr><td>（U）L' U2 L R U R' U L' U L</td><td colspan="3">（U）R2 D R' U R D' R' U2 R'</td></tr>
</table>

简单的 ZBLL（T&L&U）

简介：通常魔友会有一种恐惧心理，觉得 ZBLL 一定就是很高级的，自己学不会的公式，会归咎于 ZBLL 太难。其实不然，学习简单的 ZBLL 正如学习简单的 COLL 一样，仿佛又打开了通往新世界的大门，在速拧和 CFOP 最少步时很有用，故借此机会整理，抛砖引玉。

T CASE

(r U R' U')(r' F R F')	(R' F' r U)(R U' r' F)	x'（R U2 R）D2（R' U2 R）D2 R2'	x（R' U2 R'）D2（R U2 R'）D2 R2

R' U R U2' L' R' U R U' L	R U' R' U2 L R U' R' U L'	R2' F2（R U2）2 R' F2 R U' R' U R	(U')F R F'(r U R' U')r' （U2）x'（R U R' D）（R U' R' D'）

F（R U R' U'）（R U' R' U'）R U R' F'	F U（R U2 R'）U（R' U R' F'）	r U' r U2 R' F R U2 r2 F	R U' R2' D' r U2 r' D R2 U R'

U CASE

y2 R2 D(R' U2 R)D'（R' U2 R'）	y2 R2 D（r' U2 r）D'（R' U2 R'）	R2' D'（R U2 R'）D（R U2 R）	R2' D'（r U2 r'）D（R U2 R）

续表

x' R2 D2（R' U2 R）D2（R' U2 R'）	x R2' D2（R U2 R'）D2（R U2 R）	F（R U' R' U）（R U R' U）R U' R' F'	R U R' L' U2 R U' R' U' R U' R' L
L CASE			

F'（r U R' U'）r' F R	F（R U' R' U'）（R U2 R'）U' F'	R' U2 R' D' R U2 R' D R2	F（R U R' U'）R' F' R U2 R U2 R'

层先衍生公式——简单的 ZBLS			

单边翻棱		R2' U2（F R2 F'）U2（R' U R'）	（R U' R）U2（F R2 F'）U2 R2

R U' R' U y' R' U2 R U2' R' U R	R U R' U2 R U2 R' d R' U' R	（R U2' R' U）2（F' U' F）	（F' U F）（U' R U2' R'）2

续表

层先衍生公式——简单的 ZBLS				

棱块向前	（R'U'）2 R'（U R）2	R' F' R U R U' R' F	（U'）（R' F R F'）R U R'	（F' U F）（U R U' R'）

棱块向后	（R U）2 R（U' R'）2	（r U r' U'）（r' F r F'）	R U' R'（F R' F' R）	（U）R U' R' U' F' U F

到这里，我已经把我想说的、整理过的三阶魔方公式大部分列出来了。事实上，魔方的公式远远不止这些。学完了这些公式也不代表我们对魔方的探寻已经到了尽头。我们每天或者每周都会学习一些新的公式或者技巧，然后学得多了便把它们整理出来，以之为乐。希望大家能不断地去追求和超越自我，从魔方中，从速拧中收获真正的恒久的乐趣。竞速之魂，永不止息。

第四章

二阶魔方入门教程

第一节　二阶魔方的基础知识

二阶魔方是阶数最低的正阶魔方。英文名叫 Pocket Cube，或者 Mini Cube，再或者 2×2×2 Cube。二阶魔方棱长通常都不到 5 cm，很适合带在口袋中，随时掏出来玩一玩。不熟悉魔方的朋友，对二阶魔方通常会产生两种截然相反的误解：

- 认为二阶魔方比三阶魔方难。
- 认为二阶魔方随便转都能复原。

其实这两种看法都是错误的。评价一个魔方复原的难度，对于正阶魔方来说，有一个很简单的标准：阶数越低，难度越低。什么是阶数？就是一条边上有几个块。这样看，二阶比三阶要简单，因为二阶是一个没有棱块的三阶，一共只有八个角块。但即便只有八个角块，普通人也只能复原二阶的一个面。

二阶	三阶的角块

可别小瞧了这八个角块，它们总共可以产生 367 万种变化。但也别被这个数字吓到，相比三阶魔方的逾 4300 亿亿种变化，已经少了很多了。无论你如何打乱一个二阶魔方，它都最少能够在 11 步（HTM）里面复原，我们也称 11 步为二阶魔方的上帝之数。一般刚开始接触二阶魔方的话，经过一定的学习，几十步之内就能将任意一个状态复原。

$$\frac{8! \times 3^7}{24}=7! \times 3^6=3,674,160$$

二阶魔方的世界纪录也从侧面印证了二阶魔方不难的事实。

二阶魔方平均成绩世界纪录 TOP 10					
名次	姓名	国家	成绩（秒）	比赛	时间
1	Martin Vædele Egdal	丹麦	1.21	Kjeller Open 2018	2018–10–20
2	Will Callan	美国	1.23	CubingUSA Nationals 2019	2019–08–01
3	李佳洲	中国	1.25	2019 WCA 西安樱花赛	2019–04–13
4	Advay Sant	美国	1.31	Oculus Cube Open 2019	2019–01–19
5	Zayn Khanani	美国	1.34	ODU Big Blue Spring 2019	2019–03–30
6	Maciej Czapiewski	波兰	1.35	Warsaw Cube Masters 2018	2018–02–24
7	Kevin Gerhardt	德国	1.37	Hessen Open 2018	2018–05–12
7	Ng Jia Quan（黄佳铨）	马来西亚	1.37	Selangor Cube Open 2019	2019–12–27
9	John Bacouël	法国	1.39	Chelles Open 2020	2020–02–15
10	Rasmus Stub Detlefsen	丹麦	1.40	Østerhøj Open 2019	2019–08–17

至此，你对二阶魔方的了解已经超过了 90% 的普通人。看了这么多高手的成绩之后，你是不是也感到非常惊讶，并且跃跃欲试，想亲自复原你面前的二阶魔方呢？种一棵树最好的时间是十年前，然后是现在。学习魔方也是如此。无论你是否有三阶基础，都能从现在开始，用一个下午的时间学会二阶魔方。

第二节　二阶魔方的选购

对于二阶魔方的推荐我们分为入门级和竞速级。

入门级（十几元）		
魔方教室	魔方格启迪 S	魔域冠魄

竞速级（二十几元起）		
魔方格无暇	魔域国冠星痕	魔域魔幻手速楚文

其中无暇最贵，接近一百元，但是竞速级别的魔方只有无暇有六色版本。也许在购买和使用二阶魔方的过程中，你们会听到无暇 M、楚文 M 等。与三阶魔方一样，M 即 Magnet，代表它是一款有磁力定位的二阶魔方。

选购完魔方之后，我们就开始正式的二阶魔方学习。二阶魔方有诸多复原方法，如层先法、面先法、色先法……其中，层先法是二阶和三阶通用的，也就是我们即将学习的方法。而面先法、色先法则是二阶的中级方法，只能在二阶中使用。所谓层先，就是我们要一层层地拼好整个二阶魔方。

整个复原过程分为：第一层→第二面→第二层→复原。

第三节　二阶魔方的手法

在学习之前我们先要学习魔方的拿法和一个特别简单的手法。二阶魔方的拿法，我们可以称之为起手，和三阶魔方是很相似的。通常我们会用左手的拇指和中指捏在魔方左侧的前后，左手拇指在前，左手中指在后。用右手的拇指和中指捏住魔方右侧的上下，右手大拇指在下，右手中指在上。我们将其简单地记为：左手拿前后，右手拿上下。魔方的起手会直接影响我们做公式的速度和最终的复原时间。只有学会了如何拿魔方，才能正确地进行下面的学习。

然后我们要学习一个非常简单同时非常重要的公式——“上左下右”。何谓“上左下右”？“上左下右”对应的是魔方的四种基本转动。上指的是右层往上，左指的是上层往左，下指的是右层往下，右指的是上层往右。在任意一个复原的二阶魔方上重复这个四步公式六遍，如果你没有做错的话，它便会恢复原来的样子。

上	左	下	右

关于这个手法我们还要强调的是，左手捏在左下方，不能影响上层的转

动。而且转动过程中，手尽量不要离开魔方。起始状态和最终状态是一样的。公式中的左，指的是往左，是用右手食指拨的；公式中的右，指的是往右，是用左手食指拨的。这一点在起初的时候一定要弄清楚，不可有半点含糊。

第四节　第零步：确定坐标

在复原二阶魔方之前，我们首先要注意到二阶魔方的一个特点：没有中心块。也就是说，二阶和三阶不同，我们无法根据中心块确定哪一面是哪个颜色。

L2 B D2 F U2 F2 R2 B R2 U2 B2 D R U' F2 L2 F' U R2 F2	

举个例子，如果我们用同一个公式去打乱二阶和三阶魔方，就会出现上表中的两种情况。注意三阶的角块，就是二阶的情况。我们很容易根据三阶左侧的蓝色中心块推断出这一面应是蓝色，上面应是黄色，右面应是红色。但是我们在二阶中，失去了判断的依据——中心块。不过，我们也有机会自己确定一个复原二阶的坐标。我们可以将之视为二阶复原的第零步。

现在，决定权交到了你的手上。假设我们确定了白蓝红这个角块为基

础坐标，那么左边的一个块会是什么颜色？右边那一个块会是什么颜色？二阶魔方里面，只要固定了一个块，所有六个面也随之确定。比如，在这个情况里，下面是白色面，左边是蓝色面，右边是红色面。如果你知道白黄相对、蓝绿相对、红橙相对，那么你也能知道上面是黄色，左后是橙色，右后是绿色，尽管你看不见。

第五节 第一步：底层复原

现在我们进入第一步底层复原的学习。我们来思考一下，这个白蓝红角块的右边应该是什么块？白蓝红角块的右边应是白绿红角块，底下是白色，右边是红色，右后方应该是绿色，这样才能和已有的白蓝红角块拼成一条，也就是右三的情况。把顶上的块调整到它所在位置上面的过程，我们称之为调整。在做公式之前，我们一定要记得，通过左右拨动顶层把块调整到正确的准备位置。

调整好位置之后会出现如下六种情况：

目标	上左下右 ×1	上左下右 ×2

续表

上左下右 ×3	上左下右 ×4	上左下右 ×5

当我们已经把目标块调整至目标位置的上方时，除了已经调好的情况，还会出现五种情况。如果我们把这五种情况再做一个分类，那就是三种在上面的情况，两种在下面的情况。当你调整完毕后，只要把目标位置放在右前方（一个方便做公式的位置），然后开始重复我们之前提到的“上左下右”的手法，一直到做好为止。所谓“好”，就是白色冲着底下，且边上都连在了一起。做“上左下右”的时候，要记得我们上面讲到的手法要点。

我们来看看四种非标准情况：上表第一个图需要往右拨一下；第二个图需要往左拨一下；第三个图需要转体之后，往左拨一下；第四个图也是要先转体，再往左。只有当我们把目标块放在目标位置的上面，且目标位置在右前方的时候，我们才能开始做公式。做公式并不是简单机械地“套”，而是要根据实际情况，具体问题具体分析。

第六节　第二步：顶面复原

当你复原完底层之后，我们会碰到如下七种情况（一种是复原了）：

对于这七种情况，我们有一个统一的解决办法，就是先把它倒置过来，还是用我们最初学的那个公式复原第二面。

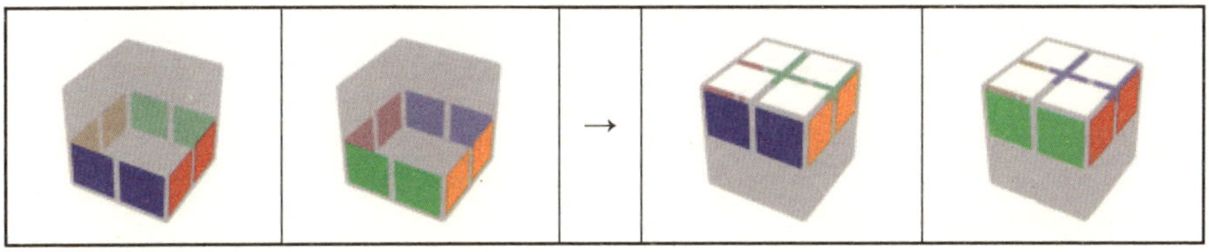

我们以下表为例：

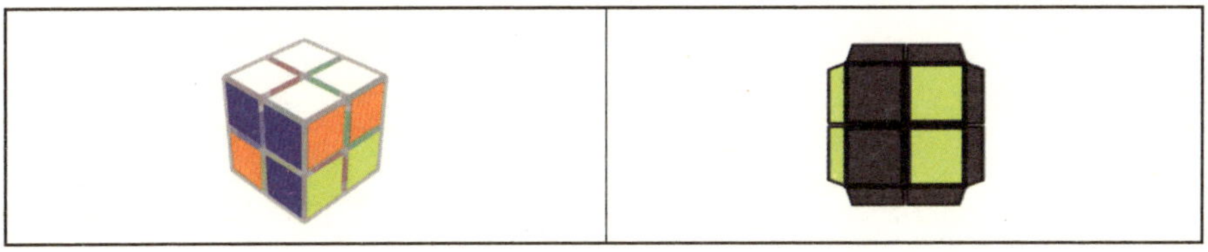

这时，黄蓝红角块在最下面，这是一个上表中的右图被放到下面去的情况。这时我们只需要在黄红蓝角块的位置，反复做“上左下右”的公式就可以使这个角块复原。顶面会被打乱，不要慌，把下面右后方的黄绿红角块再转过来，继续做“上左下右”的公式，就能复原。记住魔方的朝向不能变动，你需要做的就是把没有复原的块转到下面右前方这个位置，然后用“上左下右”的公式把它翻对，再继续翻下一个块，直到每一个面都翻好。

	→		→		→	
	→		→		→	

整个过程如上表，我们看到第三个图的时候上面是乱的，但是下面已经拼好了一个黄色块，第四个图我们把第二个黄红绿角块转了过来。继续重复这个公式，直到底面完全复原，在这里就是黄色面完全复原，同时如果你的公式没有做错的话就会发现，白色面也回到了原位。

在上面的复原过程中，你应该也注意到黄色一共会出现两种情况：

	黄色朝右做两遍		黄色朝前做四遍

相比第一层的情况，第二面的情况少了很多，只要做两遍或者四遍“上左下右”即可。区别只是翻两个角、三个角还是四个角的问题。同时，我

们还要再强调一下，一面和一层是有区别的。相信你在前面的学习过程中已经感受到了，一面只要求一种颜色在一个面上，侧面的块不用对齐；而一层则必须要求侧面的块也对齐，一层的要求要比一面高得多。

掌握了其中的规律后，我们对每一种顶层情况做一个总结：

翻四个角	翻四个角	翻两个角	翻两个角

翻两个角	翻三个角	翻三个角	不用翻了

当然，如果你出现了翻一个角的情况，就说明你的魔方转角了，这个是无法通过公式转动来复原的，唯一的办法就是直接拧回来。出现转角的原因有很多，比如打乱的时候转角了，也可能是复原的时候碰到了，或者装错了。至于顶面，即使是孙悟空，也跳不出这八种情况的“如来佛掌”。

不知道你是否真的掌握了第二步“上左下右”的翻角技巧，我们再来演示一种最复杂的翻四角的情况。

	→		四遍→		→		两遍→
	→		两遍→		→		四遍→

续表

	→		运气比较好，复原了，但是别着急，我们在最后一步还会碰到别的情况。

第七节　第三步：顶层复原

也许你的运气和上面那种情况一样好，直接就复原了整个二阶魔方。那么首先要恭喜你体会到了复原魔方的乐趣，但这还不算结束。前方还有最后一步在等待着你，就是复原最后一层的角块。最后一层可能会出现两种情况：邻角换和对角换。

	邻角换		对角换

邻角换和对角换十分容易判断，只要看有没有两个颜色一样的角块连在一起。比如，上表左图就有两个橙色相连，而右图无论你怎么转，都没有连在一起的角块。连在一起的块我们称之为“眼睛”。但是无论对于上面的哪种情况，我们只需要新学一个公式：

下左（左上）左左　上右下　左左　上上

先不要急着做公式，因为公式中有一个是我们最后要新学的知识点：左上。括号括起来的左上，并不是我们上文所说的往左往上，实际上，这里的左上指的是一步，如下表中最右边的转动。左上即左边往上，那么相信你也一定能够明白左下是什么样子的，在此就不做图示了。做左上的时候，捏住魔方的左手可以适当松开，换成右手捏住魔方，待到左上做完之后再恢复成标准的上左下右手法。

上	左	下	右	左上

如果你有三阶基础，会不难发现，这个公式和三阶魔方里面的第七步调整顶层角块的公式几乎是一样的，只是因为二阶更简单一些，我们对公式的后半部分进行了一些调整。下面我们就来逐步演示一下这个公式。注意，要把“眼睛”，也就是连在一起的块面对着你，然后耐心地做公式。头几回做一定会做错，这时候要沉住气，从头把步骤再来一遍。一步步对照着做公式，多做几遍自然就能明白。

	下→		左→		左上→		左左→
	上→		右→		下→		左左→
	上上→		最后还有一步需要调整，不过对你来说肯定不成问题。				

对于没有“眼睛”的情况，我们也采用这个公式。先做一遍这个换角公式，做完之后寻找“眼睛”，把“眼睛”朝向你，继续做第二遍，就一定可以复原。实际上，我们就是通过公式，把你不会的情况转化成你熟悉的情况。至于最后顶层的一步调整，是任何人都可以完成的事情了。

至此，你已经完全学会了二阶魔方的复原！恭喜你！向更多的魔方发起挑战吧！

第八节　公式图汇总

<table>
<tr><th colspan="12">公式图</th></tr>
<tr><th colspan="12">第一步　第一层</th></tr>
<tr><td colspan="4"></td><td colspan="4"></td><td colspan="4"></td></tr>
<tr><td colspan="4">上左下右</td><td colspan="4">上左下右 ×1</td><td colspan="4">上左下右 ×2</td></tr>
<tr><td colspan="4"></td><td colspan="4"></td><td colspan="4"></td></tr>
<tr><td colspan="4">上左下右 ×3</td><td colspan="4">上左下右 ×4</td><td colspan="4">上左下右 ×5</td></tr>
<tr><th colspan="12">第二步　第二面</th></tr>
<tr><td colspan="3"></td><td colspan="3">上左下右 ×4</td><td colspan="3"></td><td colspan="3">上左下右 ×2</td></tr>
</table>

续表

公式图	
第三步　第二层	
	换角公式： 下左（左上）左左　上右下　左左　上上 对角换做两遍。

第五章

二阶魔方高级教程

第一节　一个二阶实例

经过之前的学习，你已经顺利地掌握了二阶魔方的基础复原。把之前的方法练熟，也许你就能够在十几秒内复原一个二阶魔方了。若以旁人的眼光来看，这是一个还算不错的成绩，但是你也知道，世界级高手在一两秒的时间内就能复原。这中间十几秒的差距，究竟是因为什么呢？因为使用的方法不同。

我们先来回顾一下初级方法的公式：两个，共分为三步——第一层、第二面和第二层。其实在使用公式的过程中，我们错过了许多本可以用更简单的步骤复原的情况。我们来看这种情况：

左上方是一个白绿红角块，左下方是一个白蓝橙角块。如果你已经掌握了坐标，你就知道蓝绿是相对的，红橙是相对的。也就是说，白绿红角块应该在底层，而且白绿红角块在白蓝橙角块的对面，也就是在图中白蓝红角块所在的位置。按照我们的初级方法，要先把白绿红角块放在白蓝红角块的上方，把目标块放在目标位的上方，然后用上左下右的公式将其放下去。那有没有更简单的方法呢？

	右 →		上 上 →	

回答是肯定的。如果我们把上上算作一步，只需要两步就能放好白绿红角块，相比原来的十几步，节省了不少时间。事实上，前三个角块不一定要按照套路复原，只有第四个角块需要按照入门方法里的死板方法复原。我们不妨举一个实例：

	左左→		上→		左左→		顺顺→
	左→		五遍→		五遍指的是五遍上左下右公式。		

我们以左后下方的白绿橙角块为基准坐标，有三个块在顶上。我们先花两步来解决白绿红角块。等到白绿红角块被解决后，我们再来解决白橙蓝角块，也只需要两步。接下来只剩下最后一个最难解决的白蓝红角块了，我们做五遍上左下右公式即可。细心的你一定发现了上面出现了一个新的手法：顺。

第二节　新手法的引入

上	左	下	右	左上	左下

顺，指的是当右手拿上下的时候，右手食指能够下压前面一层。实现面朝你的那一层顺时针转动 90 度，如果再做一次就是 180 度。如果要逆时针转回来，就需要大拇指往上一提。这是两个比较难学的手法，如果无法通过文字理解，建议寻找相关的视频。

顺		逆	

学完了顺、逆之后，二阶魔方就没有新的手法要学习了，尽管背面也是可以转动的，但是对于二阶来说能用到的地方非常少。对于上左下右这个手法，我们还有一点要补充。其实对于白色朝前的两种情况，如下表，有更快的处理办法。

左上右下 ×1	左上右下 ×2

这就是用上左下右的逆公式：左上右下。左边这个情况是用一遍左上右下，右边则是两遍。至此你已经掌握了第一层提速的三个小技巧：非公式转法，顺时针转动和左上右下。自己尝试一下用二十步甚至更少的步骤解决第一层吧。我们再列出几种情况：

下右上	下左上	（左上）左（左下）	（左上）右（左下）

第三节　二阶顶层的快速公式

H CASE	U CASE	Pi CASE	T CASE
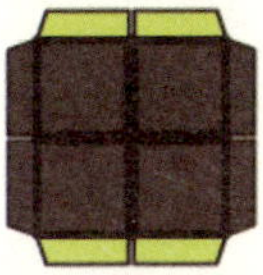	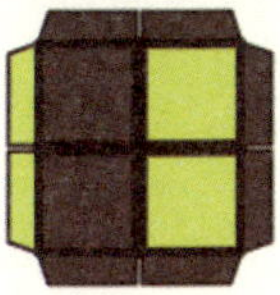	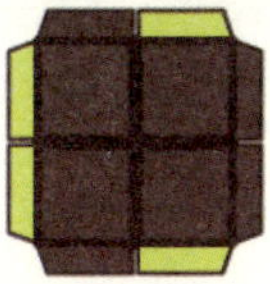	
F（R U R' U'）3 F'	F（R U R' U'）F'	F（R U R' U'）2 F'	（R U R' U'）（R' F R F'）

L CASE	S CASE	AS CASE
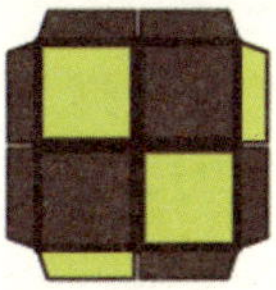	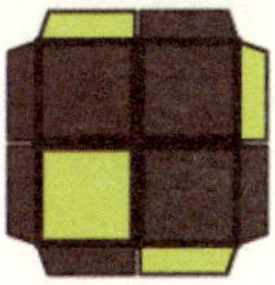	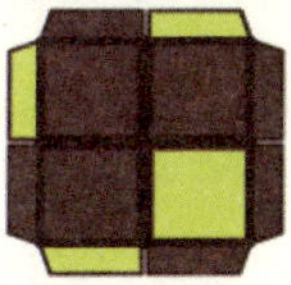
（F R' F' R）（U R U' R'）	（R U R'）U（R U2 R'）	（L' U' L）U'（L' U2 L）

每一种情况都有一个对应的名字，分别是 H、U、Pi、T、L 和（A）S，我觉得和形状的关系其实不大，奈何它就是这么叫的。每种情况都有诸多多向公式，我们只挑选了其中比较简单的一条。我们留心一下会发现，其实这几个公式一点都不难背，H、U、Pi 三个公式的差异只在毫厘之间，也就是 R U R' U'（左上右下）做几遍的差异。至于后面两种情况，有一个更熟悉的名字，叫作小鱼，倒数两个 L 和 T 其实就是基本手法的叠加。所有这七个公式都是三阶公式的简化版本，或者干脆是直接移植过来的。

用新学的公式解决完最后一面后，只会剩下两种情况。还记得我们初级方法只用一个公式就复原了二阶吗？现在我们需要两个公式，不过是两个全新的公式，这是一定要记忆的，因为不仅在层先，在面先也有它们的应用。其实它们都是一些基本手法的叠加，所以很好记忆。

	（R' F R F'）（R U2 R'）U（R U2 R'）		R U' R' U' F2 U' R U R' U F2

第四节　层先法公式汇总

下表公式图有一个细微的改进，就是原来的 R U R' U'（上左下右）被我们用新的 U R U' R'（左上右下）替换了。任何超过三遍的 R U R' U'（上左下右）都可以用其逆公式替换，如果原来需要做四遍，那么用逆公式只需要做两遍。

公式图		
第一步　第一层		

上左下右	上左下右 ×1	上左下右 ×2

上左下右 ×3	左上右下 ×2	左上右下

续表

<table>
<tr><td colspan="12">公式图</td></tr>
<tr><td colspan="3"></td><td colspan="3">左上右下 ×2</td><td colspan="3"></td><td colspan="3">上左下右 ×2</td></tr>
<tr><td colspan="12">第二步　第二面</td></tr>
<tr><td colspan="3">H CASE</td><td colspan="3">U CASE</td><td colspan="3">Pi CASE</td><td colspan="3">T CASE</td></tr>
<tr><td colspan="3">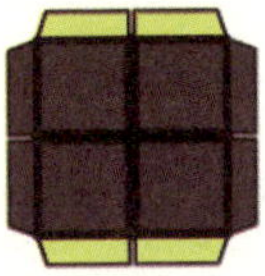</td><td colspan="3"></td><td colspan="3">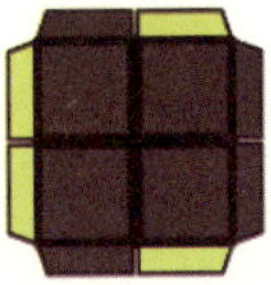</td><td colspan="3"></td></tr>
<tr><td colspan="3">F(R U R' U')3 F'</td><td colspan="3">F（R U R' U'）F'</td><td colspan="3">F(R U R' U')2 F'</td><td colspan="3">（R U R' U'）（R' F R F'）</td></tr>
<tr><td colspan="4">L CASE</td><td colspan="4">S CASE</td><td colspan="4">AS CASE</td></tr>
<tr><td colspan="4"></td><td colspan="4"></td><td colspan="4"></td></tr>
<tr><td colspan="4">（F R' F' R）（U R U' R'）</td><td colspan="4">（R U R'）U（R U2 R'）</td><td colspan="4">（L' U' L）U'（L' U2 L）</td></tr>
<tr><td colspan="12">第三步　第二层</td></tr>
<tr><td colspan="6"></td><td colspan="6">（R' F R F'）（R U2 R'）U（R U2 R'）</td></tr>
<tr><td colspan="6"></td><td colspan="6">R U' R' U' F2 U' R U R' U F2</td></tr>
</table>

第五节　面先法第一面的公式

学完了层先法的进阶之后也许你依旧不满足，那我们就继续看看面先法。面先法，顾名思义，就是我们需要先完成二阶魔方的一面。经过之前的学习，你已经非常清楚二阶或者所有魔方中一面和一层的差别。完成一面理论上是不需要任何公式的，不过我们还是做了总结。

R' U R'	F U' R'	R U' R2' U' R2	R' U' R U' R2'	y F R U2 R'

U2 R' U R2 U R'	z F' U R	R2' U' R U R'	R' F R U' R'	R2 U R'

R2 U' R' U R' U2 R U R	R' U' R'	U' R U2 R U R' U' R2	R' U2 R' U R U' R' U R'	U' R U R

R' U R' U' R	R' U2 R U' R'	U' R U' R	U R U' R2'	R2' F R U' R'
U'RU'R2'U'R	zx'F'UR'U'R	（U2）R U' R' U' R2	U'R'URU'R'	R'UR'U'RUR'

续表

R U2 R U R'	R U' R' U R' U' R	R U R2 U R	R2 U R' U' R	R' U R U' R'
R' U R' U' R2	F' U2 R U' R	y R U' R' U' F	U R' U R' U' R U R'	U2 R U' R2'

R U' R U R2	R' U F U' R'	R2 U' R'	z U' R2 U2 R	R U' R' U R
R' U2 R' U' R	z R' F' U R	F' R2 U R'	R' U R2' U' R	y F R U R'

第一次接触这么庞大的公式，你很容易会不知所措，被茫茫的字母吓到。但是让我们仔细看一下下面的情况：

	R' →		U →		R →	

先让白蓝红角块往下，给白蓝红角块和一个白绿红角块拼在一起的空间，U 层转动之后，白绿红角块和白蓝红角块拼成了一条，最后再放回去。实际上执行了一个最基本的打乱、调整、恢复的全过程。如果碰到如下的情况：

思考一下就不难发现，这两种情况都只是上面的公式打乱了一步到两步的结果。对于左边的情况，我们只需要做一个U，就变成了R' U' R的情况，而右边那个情况则需要做R' U，两步就能变成标准情况，我们也可以称之为setup。当然，比起操作的名字，这种操作的思想更为重要。

这一过程需要大量的练习，在向二阶更高级的方法进阶时，还需要掌握三个技术：底层预判技术、多向OLL技术和顶层预判技术。当然在学习这三个高端技术之前我们先要掌握魔方的打乱，我们要把一个复原好的魔方先摆放成白顶绿前的样子。

第六节　底层预判技术

然后我们开始按照一定的步骤来打乱，我们称之为打乱公式。我们以R' U' F' R' U R2 F' R' 为例。

	R' →		U' →		F' →		R' →	
	U →		R2 →		F' →		R' →	

我们来观察一下这个魔方的状态。观察主要是为了寻找魔方中哪里会有一条，我们就应该把那一条放在自己的左下方。首先我们注意到红绿的一条，那就证明我们既可以选择红底开始，又可以选择绿底开始，相信这个时候六色底对你来说是水到渠成的事情。但是我们会仔细地讲一讲这个打乱的每一个底色。

红色。R U 就可以转换成一个红色底面的简单情况，随后我们可以判断出左前上方的红白蓝角块最终会在前面，所以最后我们可以做好的是一层，我们只需要再转 R2 U R，这就是底层预判技术。

绿色。绿色有两种做法，首先要摆好位置，接着 U R2 可以先做好绿橙黄角块。接下来是绿橙白角块，你可以做 U R' U' R 放好这个角块，或者你可以做 y U2 R U' R'，然后你就会惊讶地发现只需要七步就可以复原这个八步打乱的情况，运气实在是非常好。

以上都是做好一层的情况，那还可能出现什么情况呢？

不管魔方的状态如何改变，实际上底层只可能出现三种情况：第一种是一层，第二种是一面的邻角换，第三种则是一面的对角换。没有第四种情况。这三种状态在今后会被称为 CLL（EG0）、EG1 和 EG2。数字之间的差别也就是底层状态的差别。

我们再回到上面的打乱步骤：

蓝色。首先摆好位置放在左下方，我们有两种选择。U' R' 放好蓝红白角块，U2 R' U' R 放好蓝橙黄角块。这个时候我们会发现一条出现在了前方，其实我们在做 U' R' 之前就能预测到这件事情，因为左边没有一条，蓝白红角块又会放到前面，所以前面出现一条是一定的，而且底下会得到一个邻角换。

但是对这个情况我们可以换一个做法。U' R U 三步调整之后，蓝色的两个块可以自然而然地放下去，R' U2 R' 就可以复原蓝色底面。这一面和刚才一面的差别在于，一条出现在了后方。也就是说我们可以通过一些特定的步骤，来改变第一步结束后底面的状态。可能是改变一条的位置，也可能是把 EG1 转化成 CLL 或者 EG2。

最后是橙色。橙色我们只列出一种做法，就是 R U' R2 U' R'。五步就可以复原，前面两步同样是调整魔方为一个标准的状态，后面三步复原橙色的一个面。

说完第一面的高级技巧，我们再来看第二面的高级技巧。

第七节　多向 OLL 技术

<table>
<tr><th colspan="12">第二步　第二面</th></tr>
<tr><td colspan="3">H CASE</td><td colspan="3">U CASE</td><td colspan="3">Pi CASE</td><td colspan="3">T CASE</td></tr>
<tr><td colspan="3">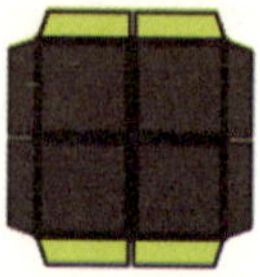</td><td colspan="3"></td><td colspan="3">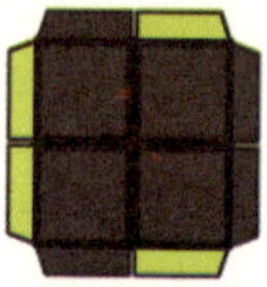</td><td colspan="3"></td></tr>
<tr><td colspan="3">F(R U R' U')3 F'</td><td colspan="3">F（R U R' U'）F'
（U2）F（U R U' R'）F'</td><td colspan="3">F（R U R' U'）2 F'
（U2）F（U R U' R'）2 F'</td><td colspan="3">（R U R' U'）（R' F R F'）
（U2）R' F' R（U R U' R'）
F</td></tr>
<tr><td colspan="4">L CASE</td><td colspan="4">S CASE</td><td colspan="4">AS CASE</td></tr>
<tr><td colspan="4"></td><td colspan="4"></td><td colspan="4"></td></tr>
</table>

续表

第二步　第二面		
(F R' F' R)(U R U' R') (U) F' (R U R' U') R' F R (U') R U R U' R' F R F'	(R U R') U (R U2 R') (U')(R' U2 R) U (R' U R) (U)(R' F2 R) U (R' F R) (U2)(L U L') U (L U2 L')	(L' U' L) U' (L' U2 L) (U')(R U2 R') U' (R U' R') (U)(L U2 L') U' (L U' L') (U2)(R' U' R) U' (R' U2 R)

我们看到，相比原来列出的公式，又多了许多公式。其实只用原来的公式也是可以解决第二面的，但是为了进一步优化我们的解法，我们要多学一些新的方法。

比如，对于上面这种情况，原来是 F（R U R' U'）F'，就是左边的情况，对应的多向公式也就是 U2 的方向 F（U R U' R'）F'。你不难发现，这两个公式的结构极其相似，中间就是我们熟悉的（R U R' U'）和（U R U' R'）。同样的情况可以类比 Pi CASE。对于小鱼的情况，公式的结构都是非常有规律的，似乎不需要特别去记忆，但是掌握了多向之后我们就能迅速反应过来而省去调整的那一步。掌握多向能极大地提升我们做第二面的效率。

第八节　面先 XLL 多向公式

解决完前两面后，我们会在第三层碰到下面这些情况：

EG1 CASE		
	两条朝后	（R2 U' R2'）U2' F2 U' R2
	两条朝前	R2 U' B2 U2'（R2 U' R2'）
EG2 CASE		
	全部无条	R2' F2 R2
		R2 B2 R2'
	一条后上	（R' U R'）F2（R F' R）
	一条前上	（R' F R'）F2（R U' R）
	一条后下	（R U' R' U'）R' F2 U' R U R

其实总共会出现五种情况。但是一层的邻角换和对角换我们在前文已经说过了。对于面先法我们需要新学三个公式。从以上三种情况对应的公式里挑出任意一种情况，都可以解决。那么多出来的几条公式是什么呢？相信你一定知道了，是多向公式。我们首要的任务是搞清楚每一条公式应该在什么时候用，然后记住这些公式。

我们应该如何区别这些情况呢？我们说过，底下可能出现的只有三种情况：对角换、邻角换和一层。它们的特征是交叉没有一条、只有一条和四面都是一条。总的来说，三种情况是很容易判断的。同样地，在顶上也会出现这三种情况，这不难想象。

那么底层和顶层组合，就可能产生以下这些情况：

底层	顶层	情况
一层	一层	复原
一层	一条	邻角换

续表

底层	顶层	情况
一层	无条	对角换
一条	一层	邻角换
一条	一条	上下邻角换
一条	无条	对角换和邻角换
无条	一层	对角换
无条	一条	对角换和邻角换
无条	无条	上下对角换

理论上是会出现这九种情况，但是仔细一看，这些情况大都是纸老虎。排除复原的情况后，剩下八种情况，再进一步去掉上下对角换和上下邻角换，剩下六种情况，每种情况都重复了两遍，这意味着什么？意味着我们只需要通过转体把六种情况简化为三种情况。而这三种情况只有对角换和邻角换一种是需要新学的。所以，当你碰到一个不熟悉的情况时，记得第一反应是要转体，去对应已有的情况。

第九节　AUF 技术

当然，你不难发现，实际应用中碰到的情况不总是和图上一样的。除我们说到的可能有转体的影响外，还有一个至关重要的因素叫作 AUF。什么是 AUF？听上去“高大上”，其实特别容易理解。它的全称是 adjust up face，调整顶面。这个看上去很厉害的东西，其实就是大家都懂的最后一步调整，把颜色完全拼好，哪怕没有学过魔方的人都能转回来的一步。

为什么我们要多花时间来讲这一步呢？也许就是一两秒的步骤，我们为什么要强调它，甚至还要起个名字呢？因为这一步非常重要，尤其是二阶魔方，1 秒、0.5 秒，甚至 0.1 秒都不能差。我们之前说过这个技术的名字，叫顶层预判技术。顶层做完之后的步骤人人都会，但是预判就是要看在前面，这个是比较困难的。下面我们就把各种情况讲一遍。

任何情况下，我们一共都有四种方向。来看上表这种最简单的三步情况，碰到这种情况着实是一件非常开心的事情。上表第一幅图自不用说，没有 AUF，直接做公式；第二幅图我们看到任何一面都是交叉的样子，那么 AUF 就是 U2；第三幅图蓝色分别在右上方和左下方，于是 AUF 就是 U，最后一个红色分别在左上方和右下方，AUF 就是 U'。

对于上下都是一条的情况，我们可以发现这种情况就没有前面介绍的三步情况来得容易了。上表第一幅图没有 AUF，第二幅图是 U2，同样以对色交叉为识别特征。这时候我们要引入一个新的判断技巧，有助于通过四格观察来判断出 AUF。当你看到第三幅图上面一层有蓝绿的对色，而且有一条不是对色的蓝橙，你一定能够判断出后面有一条，就是那个没出现过的侧面颜色——红色，此时如果看到前面的红色在左边，就做 U。对于最后一种情况，一条是橙色，橙色在右边做 U'。

对于上表这种一共只有一条，对角换和邻角换相结合的情况，我们可以发现，当背后一条和右侧连在一起的时候，没有 AUF。如果它们是相对地连在一起（也就是和左边连在了一起），就是 U2。如果前面是竖着两条就是 U，前面是对色交叉就是 U'。

通过这三个例子，也许你就能明白什么是 AUF，以及应该如何自我总结 AUF 了。可以再试试下面两个多向的情况。

从左至右还是无 AUF、U2、U 和 U'。关键技巧无非就是找一下两条或者对色交叉的条，或者稍微跟踪一下比较明显的一条的去向。人们往往容易注意到一些比较显著的特征块的变化。

好了，到这里我已经说完所有我想在面先法里说的技巧了。熟练掌握了这些方法之后就已经能够在各大比赛中进入二阶决赛。如果想要登上领奖台，可以继续学习二阶的更高阶方法 EG，下面我也会列出 EG 的所有公式。红色底纹表示公式是同一种情况。

第十节　二阶魔方 EG 公式

H CASE			

CLL			
R2' U2 R U2' R2	F（R U R' U'）3 F' F2 R' F2 R2 U2' R' F2	（R U R' U)R U R'(F R' F' R）	（U）F（R2 U'）2 R2 U R2' F'
EG1			
R' F（R2 U' R2' U'）F U R	F' U R U' R2' F2 R U' F	R' U' R' F2 U F' R F'	R U R' F'（R U R' U'）R U R'
EG2			
F2(R U2 R2)F2 R' F2	R2' U2 R U2 F2 R2	R U' R2'（U' F）2 U' R2 F R	R U2' B2（R' U R U'）B R'

Pi CASE		

CLL		
F（R U R' U'）2 F'/（U2）F（U R U' R'）2 F'	R' F' R U' R' F U' F U R	（R' F R F'）R U' R' U' R U' R'

续表

R' U R2 U' R2' U' R2 U R'	（U'）R' U' R' F R F' R U' R' U2 R	（U2）R U' R' F R' F R U R' F R
EG1		
（U2）F2 R U R' U2'（R U R' U'）F	（U'）R' F R2 U' R2 F R	（U）（F R' F U'）F2（R U R）
（REG）R2' F2 R F R2 U' R2' F R	（FEG）R' F R2 U' R2 F R' F2 R2	
EG2		
F U'（R U2 R）U' R' U R' F'	R' U2 R2 U' R' F2 R2 F'	R' F' U R' F R2 U2' R' U R

CLL		
R' F（R U F）U'（R U R' U'）F'	（R U2' R' U2）R' F R2 U R' U' F'	R' F2 R F' U2（R U' R' U'）F
EG1		
R U' R'（U R U' R'）F R U' R'	（R' U' R' F2）U' R U2 F2 R	F（R U' R'）F R U2' R' U F'
EG2		
（U）（R' F）2 R2 U2'（F' R U R'）	（U'）（R U2 R）（F2 R2）U'（R U' R'）	（U'）（R U R）（F2 R2）U'（R U2 R'）
U CASE		

CLL		
F（R U R' U'）F'	（U'）R2' F2 R U R' F U' R U R2	R' U' F2 U' R U R' U F2 R
（U2）F（U R U' R'）F'		（U）（F R U R' U'）3

续表

<table>
<tr><th colspan="3">EG1</th></tr>
<tr><td>(R U R' U) R U R2 F R2 U' R'</td><td rowspan="2">F(R U' R')F U'(F' R' F' R)</td><td rowspan="2">(U) F' U2 R U2' R' U2 F</td></tr>
<tr><td>(LEG) R' U R' U' R U' R' U' R2</td></tr>
<tr><th colspan="3">EG2</th></tr>
<tr><td>F U' (R U2 R) U' R' U2 R' U' F'</td><td>F (R U R' U') F R2' F2</td><td rowspan="2">(U') R' U' R U R' F2 R U' R' U R</td></tr>
<tr><td>R' U R' F U' R U' R' U2 R2</td><td>(U2) F (U R U' R') F R2' F2</td></tr>
<tr><td></td><td></td><td></td></tr>
<tr><th colspan="3">CLL</th></tr>
<tr><td>(U')(F R' F' R) U' R U' R' U2 R U' R'</td><td>R U' y2 R2' F R F' (R U R' U' R U R')</td><td>(U2)R' U(R' F R F')R U2' R' U R</td></tr>
<tr><th colspan="3">EG1</th></tr>
<tr><td>(U)(R' F R F')(R' F R2 U' R')</td><td>(U) y2(R' F R F')(U R U' R') F R U' R'</td><td>R' F R2 U' R' U y' R U R'</td></tr>
<tr><th colspan="3">EG2</th></tr>
<tr><td>R' F' U' F U2 R' F2 R F' R</td><td>R2 B2 R' U R' U'(R' F R F')</td><td>R2' F2 R F' R (U R U' R') F</td></tr>
<tr><th colspan="3">T CASE</th></tr>
<tr><td></td><td></td><td></td></tr>
<tr><th colspan="3">CLL</th></tr>
<tr><td rowspan="2">(R U R' U')(R' F R F')</td><td>(U2) F R F' R U R' U' R'</td><td rowspan="2">(U') F U' R U2 R' U' F2 R U R'</td></tr>
<tr><td>R' F' R (U R U' R') F</td></tr>
</table>

续表

<table>
<tr><td colspan="3">EG1</td></tr>
<tr><td>(U2) (R2 U R U' R2') (F R U2 R' F)</td><td>(U') F' R' F R2 U R' U' R U R'</td><td>R U' R2' F R U (R U2' R')</td></tr>
<tr><td colspan="3">EG2</td></tr>
<tr><td>F R F' (R U R' U') R B2 R2'</td><td>F (R' U2 R') U' R U2 F'</td><td>R' U R' F U' R U R2</td></tr>
<tr><td></td><td></td><td></td></tr>
<tr><td colspan="3">CLL</td></tr>
<tr><td>(R' U R' F) U' R U F2 R2</td><td>R' U2 R' F2 R F2 R' F2 R2
(U2)F R U R' U' R U' R' U' R U R' F'</td><td>(U) R' U R U2' R2' F R F' R</td></tr>
<tr><td colspan="3">EG1</td></tr>
<tr><td>(U2)R2 B2 U' R' U' R U' R' U R'</td><td>R U R2' x U' (R U R' U') L</td><td>(R U R' F) 2 U' R U' R'</td></tr>
<tr><td colspan="3">EG2</td></tr>
<tr><td>(U')(R2' F2 R2)F(R U R' U') F'</td><td rowspan="2">R' F2 R U' R' U R' F R U' R</td><td>(R' F2) 2 (R U2 R)</td></tr>
<tr><td>(U')F2 R2 F'(R U R' U') F'</td><td>(U2) (R' U2 R') (F2 R) 2</td></tr>
<tr><td colspan="3">L CASE</td></tr>
<tr><td></td><td></td><td></td></tr>
<tr><td colspan="3">CLL</td></tr>
<tr><td>F' (R U R' U') R' F R</td><td>(F R' F' R) (U R U' R')</td><td>R U2' R2' F R F' (R U2' R')</td></tr>
<tr><td>(U')F R U' R' U' R U R' F'</td><td>(U2)R(U R U' R')F R' F'</td><td></td></tr>
</table>

续表

EG1		
（R U R' F'）R U2 R' U2 R U R'	（U2）（R' F R F'）R' F R U R U2 R'	R' U R2 U' R2' U' F R2 U' R'
EG2		
（U'）F U2 R' U（R U2 R）F'	R2 B2 R2'（F R U' R' U' R U R' F'）	R2' F2 U R' U2 R U2' R' U R2

CLL		
（R U'）2（R U2' R'）U R' U R'	R U2 R' U' y' R2 U' R' U R2	R U2 R' F' R U2 R' U R' F2 R
（U）R' U R' U2 R U' R' U R U' R2'	（U'）R U' R' U R U' R' F R' F' R2 U R'	R' U' R U2 R'（F R' F' R）U' R
EG1		
R' F R2 U R' F' R U2 R'	（U）（R U R' F'）（R U R' U'）（F R' F' R）	R U' R' y' R' U2 R' U R2
EG2		
R2 B2 R' U2 R2' F R F' R U2' R'	（F R' F' R）U R U' R B2 R2	F'（R U R' U'）R' F R' F2 R2
S CASE		

CLL		
R U R' U R U2 R'	（U2）（R U R' U）（R' F R F'）（R U2 R'）	（F R' F' R）U2 R U2 R'

续表

EG1		
（U'）F' L U2 F2 R U' x'	（R U R' F2）U F R U R'	（U2）（F R' F' R）U（R' F' R2 U R'）
EG2		
（U'）F U' R2 U' R' U2 R U' R2' F'	R U R' U R U2 R B2 R2	R U' R' F2 R2 F' R' F' R

CLL		
R U' R'（F R' F' R）	（R' F' R2 U R'）F'（R' F R2 U' R'）	R' F2 R U2 R U' R' F
EG1		
F'（U R U' R'）U F R U R'	（U）（R U' R' U）2（F R U' R'）	R' F R2 U' R' U（R U' R' F）
EG2		
（U）F R2 F' R2 F' R U' R	（R' U R' F2）R F（R U R'）F R	R2 B2 R' U' R'（F R' F' R）
AS CASE		

CLL		
R' U' R U' R' U2 R	R U2 R'（F R' F' R）U' R U' R'	F' R U R' U2' R' F2 R
EG1		
（U'）B U' R2' F2 U' F	R U' F2（R U2 R）U' F（U）R U' R' F' U' F2 R U' R'	（U2）F'（R U R' U'）R U R2' F' R

续表

EG2		
F R2 U R' U2 R U R2 U F'	（R' U' R）U'（R' U2 R'）F2 R2	（R' F R F'）R U R B2 R2'

CLL		
（R' F R F'）（R U R'）	（R' F2 R F'）（R' F2 R U'）（R' F R F'） R' U R' U R U' R y U R' F R	（R U2' R' U2）（R' F R F'）
EG1		
（U2）R U' R' F' U'（R U R' U'）F	（U）（R U R' F'）U'（R U R' U' R U R'）	R U' R2 F R U'（R' F R F'）
EG2		
（U）R' U R' F R2 F R2 F'	（R' F'）（R U' R' F'）（R' F2 R U' R）	R2' F2 R F R F' R U R'

如果觉得公式量太大，也可以去学习一些别的魔方。无论如何，只要自己喜欢就好。玩得开心才是最重要的。

第六章

四阶魔方入门和提高教程

第一节　四阶魔方的基础知识

学会了三阶魔方，我们紧接着可以学习二阶魔方，因为它们非常容易类比。我们也可以向更高阶的四阶、五阶魔方发起挑战。四阶魔方是 1981 年由 Péter Sebestény 发明的。四阶魔方就以发明者的名字命名，叫作 Sebestény 魔方了。但是为了吸引当时广大的三阶魔方玩家，四阶魔方被称作“魔方的复仇”（Rubik’s Revenge），象征着它的到来会又一次掀起魔方界的狂潮。

四阶魔方总共有 8 个角块，24 个棱块和 24 个中心块。在四阶魔方里面会出现一些三阶魔方里面不可能出现的情况，比如单边翻棱，或者单独交换两个棱块。这 56 个块总共会产生超过 10^45 种情况，已经相当于宇宙中原子总数的一半了。

$$\frac{8! \times 3^7 \times 24!^2}{24^7} \approx 7.40 \times 10^{45}$$

四阶魔方的难度还体现在，相较于三阶魔方的上帝之数 20，到目前为止，四阶魔方的上帝之数仍然是一个谜，仅仅被证明是在 35 到 55 中间的某个数字。由于四阶魔方的状态数过于庞大，还没有办法进行验证。

四阶魔方和三阶魔方最大的不同之处在于：四阶魔方没有固定的中心。偶数阶魔方没有固定的中心块来确定坐标，这就更加需要我们牢记魔方的标准配色即“上黄下白前蓝后绿左橙右红”这条“金科玉律”。一旦我们拼错中心，就无法正常复原四阶魔方。

我们在学习四阶魔方之前还是先来看看当前四阶魔方复原的单次和平均成绩的世界纪录吧。

四阶魔方单次成绩世界纪录 TOP 10					
名次	姓名	国家或地区	成绩（秒）	比赛	时间
1	Sebastian Weyer	德国	17.42	Danish Open 2019	2019–09–13
2	Feliks Zemdegs	澳大利亚	18.39	Melbourne Cube Days 2019	2019–11–30
3	Max Park	美国	18.42	SacCubing IV 2018	2018–05–27
4	Ciarán Beahan	爱尔兰	19.77	Warm Up Sydney 2019	2019–07–06
5	Seung Hyuk Nahm（남승혁）	韩国	19.87	WCA World Championship 2019	2019–07–11
6	Jonah Crosby	美国	20.61	SBU Fall 2019	2019–11–23
7	王楷文	中国台湾	20.63	Dream One Cube Open 2019	2019–09–15
8	Bill Wang	加拿大	20.69	World Championship 2017	2017–07–13
9	Patrick Ponce	美国	20.84	National Capital Region 2019	2019–05–18
9	Tymon Kolasiński	波兰	20.84	Cubers Eve 2019	2019–12–21

四阶魔方平均成绩世界纪录 TOP 10					
名次	姓名	国家或地区	成绩（秒）	比赛	时间
1	Max Park	美国	21.11	Bay Area Speedcubin' 21 2019	2019–12–01
2	Sebastian Weyer	德国	21.46	Athens SNFestival Cubing 2019	2019–06–29
3	Feliks Zemdegs	澳大利亚	22.80	Melbourne Cube Days 2019	2019–11–30
4	王楷文	中国台湾	23.41	Dream One Cube Open 2019	2019–09–15
5	Seung Hyuk Nahm（남승혁）	韩国	23.57	WCA World Championship 2019	2019–07–11
6	Bill Wang	加拿大	23.97	Cubing in the 6ix 2019	2019–08–24
7	Ciarán Beahan	爱尔兰	24.13	Fontwell Open 2020	2020–02–08
8	Tymon Kolasi ń ski	波兰	24.68	LLS III v2 2020	2020–08–22
9	Mats Valk	荷兰	25.49	Zwolle Open 2017	2017–08–19
10	Lucas Etter	美国	25.76	CubingUSA Nationals 2019	2019–08–01

当前市面上比较好的两款四阶魔方是魔方格的无缺和魔域的傲速GTSM。前者没有官方的磁力版本，而后者则自带官方的磁力版本。我个人比较推荐魔方格的无缺。如果比较喜欢磁力版本的无缺又苦于不会改磁，那么可以上淘宝搜一下派魔方和魔友之家的一些店铺，看看是否有合适的手改磁力的版本。

闲话少说，我们先来认识一下四阶魔方里面我们要学习哪些新的转动。

四阶基础转动		
外层转动	双层转动	内层转动
R	Rw	MR

R'	Rw'	MR'

R2	Rw2	MR2

我们要学习的转动分为三种。第一种是最外层的R，相信这个大家没有问题。第二种则是两层的Rw，两层连带着一起往上转。第三种MR则比较特殊，外层不动，中间第二层往上转一下，效果等同于Rw+R'。当然比较快

的做法是，两只手直接固定在两边，然后用右手无名指去顶中间的那一层。

四阶基础复原步骤		

中心块	棱块	三阶部分

四阶魔方的还原一共分为三个阶段：做中心、做棱和三阶部分。我们采用的是降阶法。降阶法是一种四阶魔方及四阶魔方以上通用的复原方法，目的就是通过中心块和棱块的合并，把所有高阶的魔方最终化为三阶来复原。值得注意的是，由于四阶魔方的特点，在四阶魔方的最后一部分会出现两种特殊情况，我们有时称之为 parity，需要用两条比较难的公式解决。

第二节　第一步：复原中心

第一步，我们要先完成四阶魔方六个面中心块的合并。拼中心的时候我建议可以先从白色的块开始。第一个中心问题不会特别大，因为比较自由。我们可以先把两个分离的白色块拼成白色的一条，这样我们就能得到两个白色的一条，然后可以将其组合起来。

	Uw →			Rw →	

续表

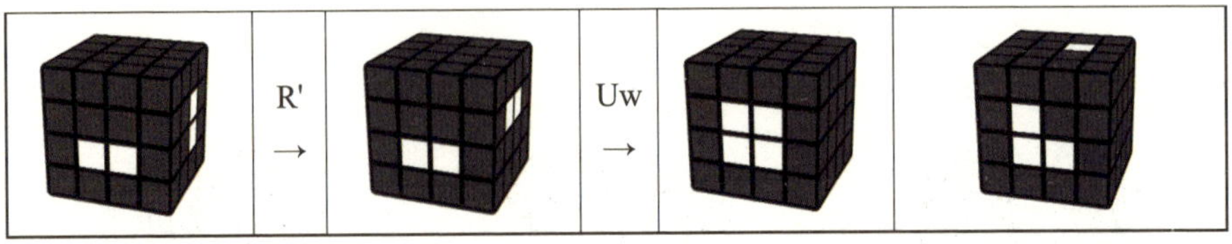

如果出现三个块已经好了但留下了一个块的情况怎么办？我们不妨来看一下上表最后一图这种情况，如何把白色的最后一个块从上层放到中间层呢？其实也很简单，我们可以先转 U2，把顶层右后方的白色块转到左前方，随后转 Rw，把右侧的块和上面被转动的块拼到一起，最后把拼好的一条一起放下来。总之，第一个中心还是很灵活的。

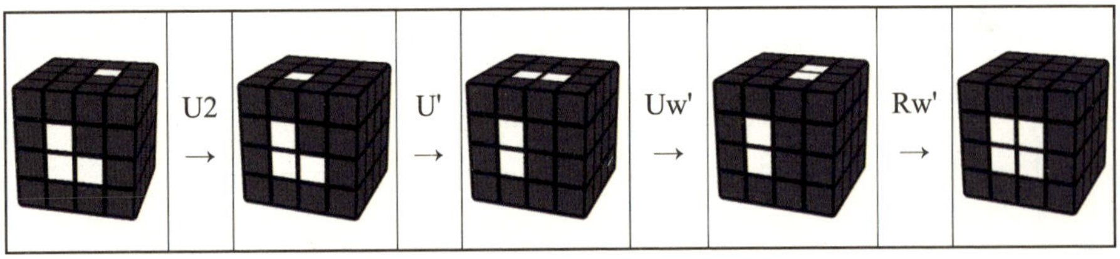

做完第一个中心之后我们要做第二个中心。黄色中心是一个比较好的选择。做完白色中心之后我们可以先设法拼出黄色的一条，如果黄色的一条在中间层，你可能没有办法直接把它放上去，就像下表右图的那个黄色一条一样。这个时候我们可以采用 Rw U2 Rw' 的方式放置黄色一条。我们先暂时破坏白色的一条把黄色送上去，随后转两下让黄色一条归位，最后让白色一条归位。

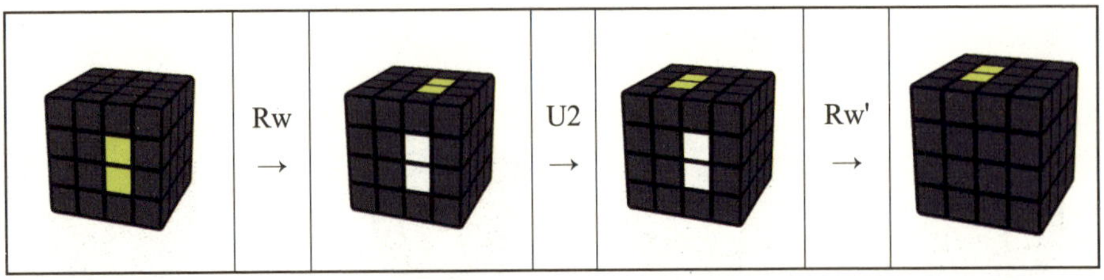

如果已经做好了一条，那么我们就可以用类似的方法把两条黄色放在同一条线上而不是放在两条线上，用下面的黄色一条顶掉已经转好的黄色一条，随后归位，这样就可以保证黄色面复原了。如果我们把两条放在左右两条线上，那我们拼好黄色的时候，白色面又会被破坏掉。由于白黄是相对的，我们只要拼在对面中心，就可以保证它们两个坐标的正确。

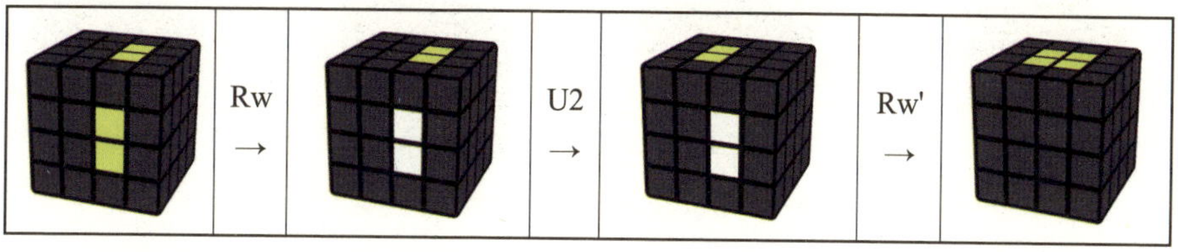

如果碰到下表左图的情况，可以做 Rw U Rw' 复原，先让一个点下来和下面的点组成一条，旋转到左边，然后带回去。

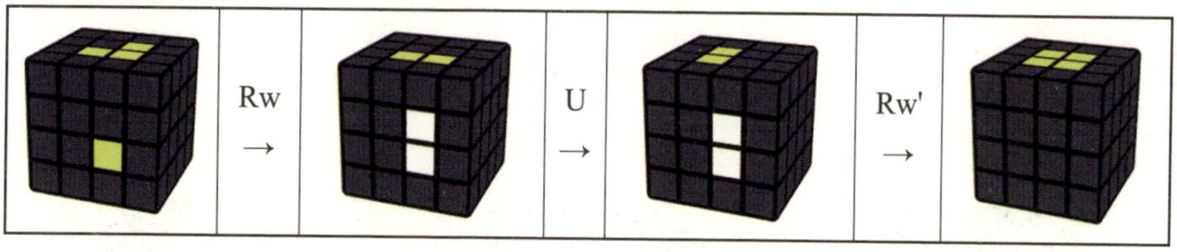

接下来我们要把白黄横过来摆放，左手边白色，右手边黄色，剩下没复原的四个中心竖着排列。

可以挑一个比较简单的中心做，用一样的方法拼。假设我们拼的是橙色，我们就要先组成橙色的一条放在自己的左手边，随后转动 Rw 层，拼好另一条直接放在右边即可。第三个中心难度并不大。

	Rw' →		F →	

	Rw →		U' →		Rw' →	

第四个中心非常关键。原因在于如果我们要做橙色上面那个中心，我们必须考虑清楚，橙色上面应该是什么颜色。我们可以拿一个三阶配色作为参照。如果白左黄右，橙色上面就必须是绿色的中心，不然这个四阶是复原不了的。不熟悉四阶或者三阶配色的朋友很有可能把橙色搞成蓝色，直到三阶部分才发现这个错误。

正确	错误	错误

我们这里也列举了几种中心的情况。比如，上表中第一幅图，黄红蓝的相对位置分布是正确的，后面两幅图都是错的。第二幅图蓝色的上边应该是橙色，第三幅图红橙是不可能相邻的。所以一定要留意中心的相对位置。拼法大致和第二个中心相同，就是把拼好的一条转到空位，随即恢复被破坏掉的竖层方向的中心，然后以一条顶另一条。

	x' →		Rw →		U2 →
	Rw' →		x →		

如果我们后二中心剩下了红色和蓝色，我们也可以采用拼成一条的方式解决。对于这种情况，先做 Rw，把两个分散的红点拼在一起，再将 U' 转过来，Rw' 带下来。要留意的是，我们刚才做完了绿色中心，所以下面是红色，上面是蓝色，六个中心才能全部做好而且相对位置是正确的。

	Rw →		U' →		Rw' →	

而对于下表这种情况，原理是一样的，都是尽可能地拼成一条，随后让开转下来，只有中间转动的一步有所不同。

	Rw →		U →		Rw' →	

我们再来总结一下我们拼中心的一个顺序：白→黄→橙→绿→红→蓝。当然，我们也可以按照白→黄→绿→红→蓝→橙的顺序拼，总之千万别搞错了相对位置。

第三节　第二步：复原棱块

接下来一步就是拼好所有的 12 个棱块。拼棱块有很多种方法，我们先来介绍一种最为简单的逐条合并法。这个方法效率并不高，但是由于其简单易掌握，我们就先行做一个介绍。公式是 Uw'（R U R' F R' F' R'）Uw。首先把我们需要拼的两个棱块放在同一个高度，比如，下面的黄蓝先分别在左边和右边，然后我们可以先用 Uw' 错开两层，用 R U R' 取出黄蓝棱块，再用另一种 F R' F' R' 放进去，最后用 Uw 归位错开的层，就实现了并棱的效果。

	Uw' →		R U R' →		F R' F' R' →
	Uw →				

如果不巧，蓝黄棱块于这个位置在下面，我们就可以用没有错层的翻棱公式翻一下，然后错层翻一下。如果你不嫌麻烦的话，确实可以这么做。

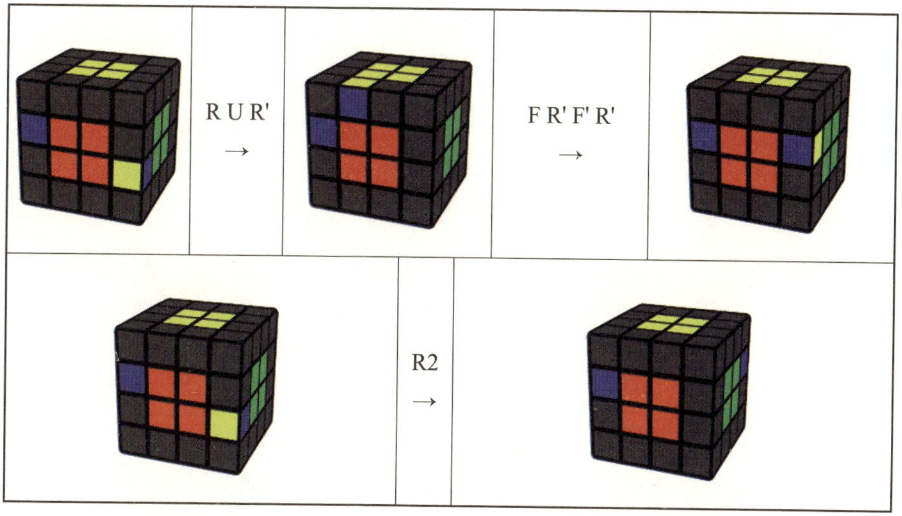

或者你可以用 R2 把它转到背面。试想，R2 以后，本来前面在上的棱块就被翻到下面去了，这个时候你可以用 Uw'（R U R' F R' F' R'）Uw2 这个公式去解决。

到只剩下最后两组的时候，我们还是用原来的方法去解决棱块，只不过这回我们可以一次做好两组棱。

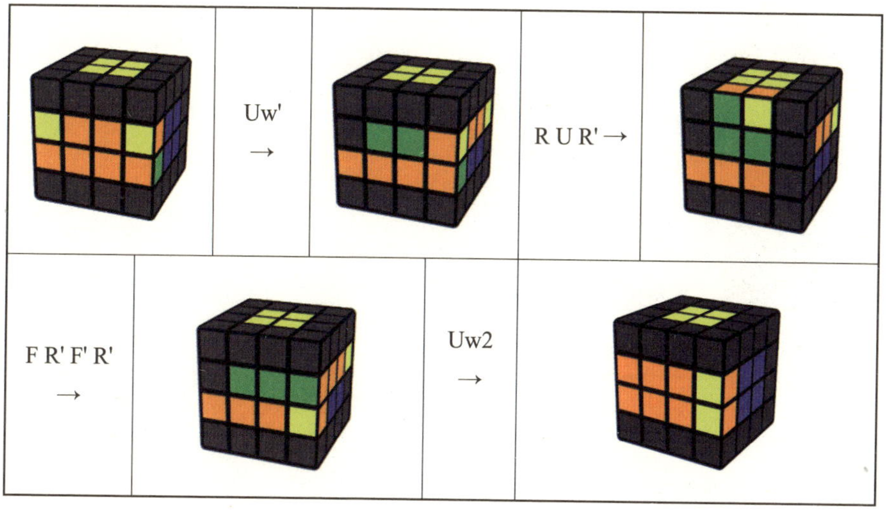

第四节　第三步：降阶和特殊情况

当我们把所有的棱块都拼好了以后，我们就可以把这个四阶魔方当作一个三阶魔方来复原了。我们可以把中间的 2×2 视作三阶的中心块，外层中间的 2×1 视作三阶的棱块，角块自然是一样的。在做到 OLL 的时候我们会碰到平时没有遇到过的情况。比如，有一条或者三条棱需要翻转，或者只有两条棱需要交换。这个时候我们需要学两条新的公式。

	Rw U2 x Rw U2 Rw U2 Rw' U2 Lw U2 Rw' U2 Rw U2 Rw' U2 Rw'
	MR2 U2 MR2 Uw2 MR2 Uw2（U2）

第一条公式我们称作 O 特，是用于解决顶面特殊情况的公式。第二条公式是 P 特，是用来解决最后一步换棱的特殊公式。严格意义上，四阶魔方需要新学的公式只有这两条，不过这两条公式没有三阶魔方那么好记，

尤其是 O 特公式。你可能会问能不能避开这样的情况，我们认为，初学者除了打乱再来，是不可能避开这种情况的，所以这两条公式也属于必背内容。除了多加练习，你也可以自己总结一下记忆的规律，比如，O 特前半部分是“三上三下”，也就是有三个 Rw，三个 Rw' 或者 Lw。

掌握了这些方法后，相信你一定可以独立复原四阶魔方了，恭喜你！

第五节　32223 棱块复原

学完了基础方法之后，你可能会觉得我们的拼棱方法实在是效率太低了。这样的感觉是正确的。接下来我们学习一下如何用 84 法[①] 拼四阶魔方的棱块。所谓 32223，是先做好中间的 3 条棱块，然后分三组，每次解决 2 个块，最后 3 个块一起解决。

① 选通过中层错开的方式完成前 8 条，再完成剩下 4 条，效率较高。

首先还是错开，这样蓝黄这个棱块就会到右后方。如果错开的层回来的时候，下面已经放好了一个蓝黄的块，这样我们就能拼成一组。蓝黄棱块可能出现在上面，也可能出现在下面。不管在上面还是在下面，我们都要拨动 U 或者 D 把棱块转到前方。转到前面后一共会出现四种情况，它们对应的公式如下：

R U' R'	F R' F' R	R' D R	F' R' F R

我们稍微总结一下这个公式可以发现，如果我们的块走田字格的对角线，需要三步。如果走日字格的对角线，需要四步。这样或许有助于你的记忆。如果出现了正好在这个位置的情况，那我们用原来学过的翻棱公式就可以。

当我们做好这个棱块后，我们不需要急着把错开的中心块归位，可以继续观察黄蓝上面的那个棱块是什么。假设是红蓝，我们就要转体，去找另一个红蓝在什么地方，并用之前的四条很短的公式把红蓝归位。同理，拼好三组之后我们再恢复错开的层。不能放四组的原因是做好了第四组就会影响第一组的复原。

按照这样错开再复原的方法，我们可以拼好三组棱，接下来需要从上面拿一组没有好的棱下来，或者说把一组已经好了的棱放到顶上去。那应该拿哪一组呢？我们观察一下，左边上面的这个棱块，它是橙绿，也就是说，如果右下的棱块是个橙绿，后面就能一步组在一起。

那如何把这一组放下来，把已经组好的棱块替换掉呢？方法和刚才类似，对于这个情况就是 F R' F' R，然后 Uw' 组成一组。随后用一组棱块替换掉这一组已经组好的棱，那么拿谁替换呢？这也是有讲究的。我们应该留意到，如果我们恢复错开的棱块，那么后边上方的棱块会重新和右下方的棱块拼在一起。对于上图的情况就是白蓝棱块。

这个时候依旧是看左上方的棱块，用相同的方法一次做好两组。如果很不幸，你要的那个棱块正好塞在中间层，你也可以用简单的三步先拿到顶层再归位。如此重复三次，理论上我们就做好了 3+2+2+2=9 组棱。最后三组方法是一样的，因为剩余的棱块都好了，我们就能一次做好。

当然，做 32223 的时候也可能剩下两组棱，因为复原四阶魔方的时候并不一定每个棱块都乱得这么标准，也许你一不小心就做成了 32322。处理这种情况的方法我们在基础复原的时候已经教过了。至此你已经学会了棱块的高级复原方法。高阶的棱块用的方法也类似，我们称作 84 法，基本的公式没有改变，只是思路上会略有差别。

第六节　YAU 复原方法介绍

最后我们对四阶魔方的更高级复原方法做一个介绍，它叫作 YAU，以发明者 Robert Yau 的名字来命名。我们来做一个比较。

四阶基础复原步骤		

中心块	棱块	三阶部分

YAU 复原步骤				

相对两个中心	三组十字棱	后四中心	最后一组十字棱	323

最后一步是去十字的三阶部分。YAU 的优势就在于节省了处理底层棱块的步骤，节省了后续棱块的观察时间，并节省了三阶的十字部分的时间。YAU 唯一的劣势是在做中心块的时候比较受限。但是相比于它的众多好处，这点劣势实在是太微不足道了。YAU 其实没有太多新的公式，但是魔友颜瑞民做了一个很详细的整理，我们完整地贴在这里供大家参考。很多公式其实是不用背的，这些公式单纯是为了使想要追求极致的魔友进一步提升而制作的。

前三棱公式			

Lw U Lw'	Rw U Rw'	Lw D Lw'	Rw U Rw'

Rw' U' Rw	U' Rw U Rw' or Lw' U' Lw	U Rw U' Rw'	Lw' U' Lw

YAU 后二中心公式			
	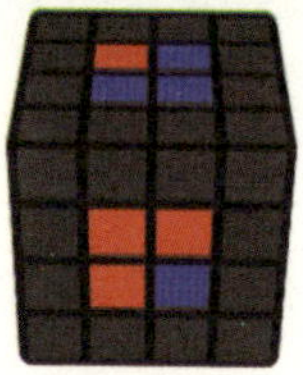		
Rw U' Rw'	Rw U Rw'	Lw' U Rw	Lw' U' Rw

续表

YAU 后二中心公式			
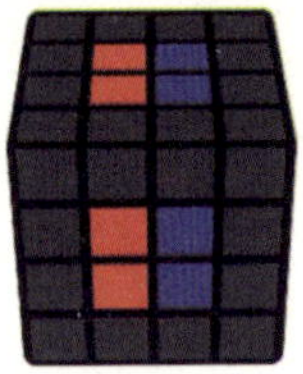	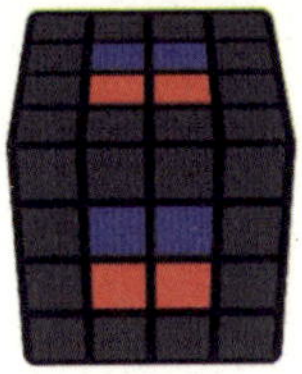	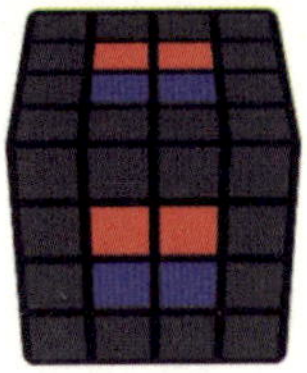	
Rw U2' Rw'	（Rw U' Rw2'）（3Rw U Rw）	（Rw U Rw2'）（3Rw U' Rw）	（Rw U' Rw' U）（Rw U2' Rw'）
	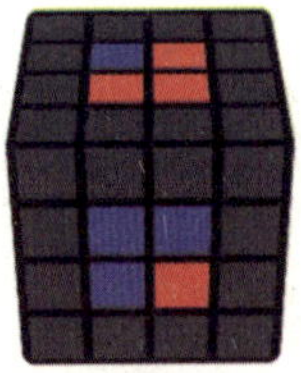		
（Rw U2' Rw2'）（3Rw U Rw）	（Rw U' Rw2'）（3Rw U2 Rw）	（Rw U' Rw' U'）（L'w U' Rw）	（Rw U' Rw' U）（L'w U Rw）
	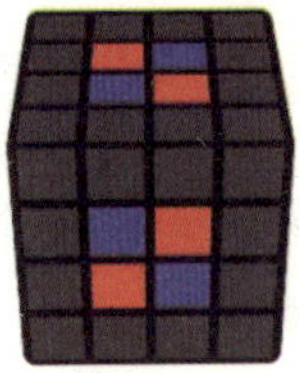	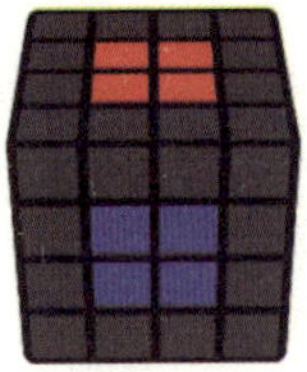	

最后一条十字棱公式			

Rw' U' R U Rw［U］	Rw U R' U' Rw'［U'］	Rw（R' U R U'）Rw'［U］	Lw（R U' R' U）Lw'［U］

续表

最后一条十字棱公式			

Rw' U' R U' R' U2 Rw	Rw U R' U R U2' Rw'	Lw' U' R' U Lw R' z' R' F R	Rw U' R' U Rw' z' R' F R

（Rw' F R F'）Lw U	Rw2 U R U' Rw2' R U2	Rw' U'（R' U R' F R F'）Rw U'	Lw' U' R' U Lw F R

Rw'（R' F R F'）Rw［U］	Rw U R' U' Rw'［U］z' Uw'（R U' R'）Uw［L］	Rw' U' R2 U Rw U	Lw U' R U Lw'［U］

下面是颜瑞民整理的关于 323 部分的一个实例。YAU 的 323 部分就是 32223 的简化版本。由于底层白色十字棱都已经完成了，所以非常好观察。

YAU323 实例					
		Uw' →		R U' R' →	
L' U L y' →		y' U R U' R' →		Uw →	
R U' R' →		Uw' →		R U' R' →	
Uw →		F R' F' R →		Uw' →	
R U' R' →		Uw →			

第七节　O 特和 P 特公式

我们都知道四阶魔方的 OLL 和 PLL 会出现很多特殊情况，颜瑞民也做了相关的整理。学习其中比较简单的公式对于四阶的提速会很有帮助。

首先是 OLL 特殊情况的部分，总共有两条公式（我们分别用 O 和 D 来指代它们，D 是只翻棱块而不对其他棱块做交换，O 则是既翻棱块又做交换）：

OLL Parity（O）

Rw U2 x Rw U2 Rw U2 Rw' U2 Lw U2 Rw' U2 Rw U2 Rw' U2 Rw'

Double Parity（D）

Rw2 B2 Rw' U2 Rw' U2' x' U2 Rw' U2' Rw U2 Rw' U2' Rw2 U2' x U2

<table>
<tr><th colspan="4">Setup Cases</th></tr>
<tr><td></td><td></td><td></td><td></td></tr>
<tr><td>（O/D）</td><td>（y）B' R'（O）R B</td><td>L R'（D）R L'</td><td>R2 B R'（D）R B' R2'</td></tr>
<tr><td colspan="2"></td><td colspan="2"></td></tr>
<tr><td colspan="2">（y）R' U' R（O/D）R' U R</td><td colspan="2">R'（D）R
y2 F（R U R' U'）F' U（O）</td></tr>
</table>

第一部分是六种简单的 setup 就可以解决的情况，O/D 表示中间有两条公式可供选择。

OLL + PARITY CASES			

y (U R U' R') F' (O)	y' (R U R' U') F' (O)	R U2' y2 R' U' R U' R' (O)	R' U2 R U R' U R U2 (O)

y' R' U' R U' R' U2 R (O)	f (R U R' U') 2 f' U' (O)	R U R' U R U2 R' (O)	y' F (R U R' U') 2 F' U (O)

y' F (R U R' U') F' U2 (O)	y' F' (L' U' L U) F U2 (O)	y' F (R U' R' U') (R U R' F') U' (O)	y F' (L' U L U) (L' U' L F) U (O)

y F (R U R' U') F' U' (O)			

第二部分是 OLL 加上特殊公式的情况，选取的都是比较简单的 OLL，基础的六步 OLL 居多。

PARITY + OLL CASES			

y2（O）（R U R' U'）（R' F R F'）	y2（O）U2（R U R' U'）（R' F R F'）	y（O）U2 F（R U R' U'）F'	y'（O）F（R U R' U'）F'

y2（O）U F（R U' R' U'）（R U R' F'）	y2（O）U2 F（R U' R' U'）（R U R' F'）	（O）U' r' U2 R U r' U r	（O）U' r U2 R' U' R U' r'

y（O）U' f（R U R' U'）f'	y（D）U' R' U' F' U F R	y'（D）U2 f（R U R' U'）f'	

这一部分做 OLL 的思路和普通的四阶魔方处理特殊情况没有什么区别，但是由于我们有很多的方式可选择，魔友颜瑞民对其中最合适的方向做了一个总结归纳。

PARITY + OLL CASES INTUITIVELY			

(O) R U2 R' U' R U' R'	(O) U' R U R' U R U2 R'	(O) U R' U2 R U R' U R	(O) R' U' R U' R' U2 R

(O) U R U2' R2' U' R2 U' R2' U2' R	(O) R U R' U R U2 R'	(O) U' R U2' R' U' R U' R'	(O) (R U R' U) (R U' R' U) (R U2' R')

(O) U' R U2' R2' U' R2 U' R2' U2' R	(O) U R' U' R U' R' U2 R'	(O) R' U2' R U R' U R	(O) U F (R U R' U') F'

(O) U' F U (R U2 R' U') (R U R' F')	(O) U (R' F R U) (R' F' R) (F U' F')	(O) U R' F (R U R' U') F' U R	(O) U (R U R') (F' U' F) (U R U2 R')

续表

PARITY + OLL CASES INTUITIVELY			

(O) U (R U R' U') (R' F R F')	(O)U f(R U R' U') 2' f'	(O) U (R U R2' U') (R' F R U) R U' F'	(O) U'(R U R2' U') (R' F R U) R U' F'

(O)U' F(R U R' U') F'	(O)U' f(R U R' U') 2 f'	(O)U'(R' F R U)(R' F' R)(F U' F')	(O) U F U(R U2 R' U')(R U R' F')

最后一部分是无须学习的 OLL 特殊情况。有些情况由于只有一条棱要翻，所以不用强调。剩下的情况我们可以利用对称性选取合适的边。也有一些情况可能并没有什么好做的方向，所以无法取舍。

下面介绍 PLL 的特殊情况（括号内的字母表示 PLL 所对应的情况，如果不熟悉，可以在一些英文的网站上进行搜索。在表格中我们根据对称性，列出了各图情况的出现概率）:

只有棱块的情况				
(P) 1/72	Adj 1/36	O 顺 1/144	O 逆 1/144	W 1/36

续表

MR2 U2 MR2 Uw2 MR2 Uw2 ［U2］	（R U R' U）（P）（U R U' R'）［U2］	（Z）（P）	（Z）U'（P）	（R' U R' U' R' U'）（R' U R U Rw2'）（U2 MR2 Uw2 MR2 Uw2）［U2］R2
包含对角的情况				
Sb 1/36	Sa 1/36	X 1/144	Diag 1/72	Q 1/144

（Y）U（P）（P）+（Y）/（V）	（Y）（P）（P）+（Y）/（V）	（P）（E）	F（R U' R' U'）（R U R' F'）U（P）U（R U R' U'）（R' F R F'）	F（R U' R' U'）（R U R' F'）（P）U2（R U R' U'）（R' F R F'）

邻角换			

（Jb）U（P）	（P）（Jb）［U'］	（T）U'（P）［U'］	（P）（T）
Ka 1/36	Kb 1/36	Ca 1/36	Cb 1/36

续表

邻角换			
（P）（Aa）（any angle）	（P）（Ab）（any angle）	（P）U'（Rb）	（P）（Ra）
RGc 1/36	RGb 1/36	RGd 1/36	RGa 1/36
	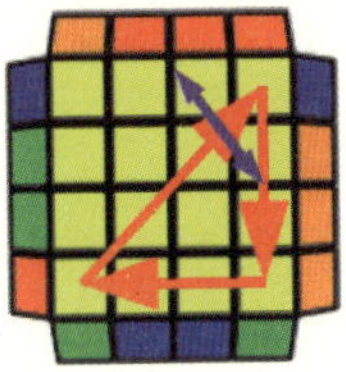		
（y2）（P）U（Jb）	（Ja）U'（P）	（Jb）（P）	（R U R' U'）（R' F R2 U' R'）（P）（U R U R' F'）

四阶的部分我们就讲到这里。

第七章

五阶魔方入门教程

第一节　五阶魔方的基础知识

五阶魔方用类似四阶魔方的复原方法也是可以复原的。五阶魔方被称作教授魔方，一共有 8 个角块、36 个棱块和 54 个中心块。五阶魔方的变化数就更多了，已经非常接近宇宙中原子的总数了。

$$\frac{8! \times 3^7 \times 12! \times 2^{10} \times 24!^3}{24^{12}} \approx 2.83 \times 10^{74}$$

五阶魔方单次成绩世界纪录 TOP 10					
名次	姓名	国家或地区	成绩（秒）	比赛	时间
1	Max Park	美国	34.92	Houston Winter 2020	2020-01-25
2	Feliks Zemdegs	澳大利亚	37.93	Canberra Autumn 2018	2018-04-21
3	Ciarán Beahan	爱尔兰	38.96	WCA World Championship 2019	2019-07-11
4	Tymon Kolasiński	波兰	39.82	LLS III v2 2020	2020-08-22
5	Patrick Ponce	美国	40.43	WCA World Championship 2019	2019-07-11
6	Seung Hyuk Nahm（남승혁）	韩国	40.66	WCA World Championship 2019	2019-07-11
7	王楷文	中国台湾	41.53	Lanyang Open 2019	2019-10-26
8	Bill Wang	加拿大	41.60	Battle of Waterloo 2019	2019-09-14
9	Sebastian Weyer	德国	41.72	German Nationals 2019	2019-08-02
10	吴亦凡	中国台湾	42.12	WCA Asian Championship 2018	2018-08-17

续表

五阶魔方平均成绩世界纪录 TOP 10					
名次	姓名	国家或地区	成绩（秒）	比赛	时间
1	Max Park	美国	39.65	Western Championship 2019	2019-06-22
2	Feliks Zemdegs	澳大利亚	42.09	Melbourne Summer 2020	2020-01-25
3	Tymon Kolasiński	波兰	42.35	LLS III v2 2020	2020-08-22
4	Seung Hyuk Nahm（남승혁）	韩国	44.78	WCA World Championship 2019	2019-07-11
5	Bill Wang	加拿大	44.85	Battle of Waterloo 2019	2019-09-14
6	Ciarán Beahan	爱尔兰	45.19	Leeds Open 2019	2019-07-27
7	王楷文	中国台湾	45.57	Dream One Cube Open 2019	2019-09-15
8	Sebastian Weyer	德国	45.80	Cubing in Cill Chainnigh 2019	2019-08-31
9	Patrick Ponce	美国	47.82	WCA World Championship 2019	2019-07-11
10	Kevin Hays	美国	47.91	Vancouver Big Cubes Open 2019	2019-08-23

按照习惯，我列出了五阶魔方平均成绩的世界前十名。尽管普通人到不了这样的水平，但是激励一下自己总是可以的。我想告诉大家的是，五阶魔方并没有大家想象的那么难。如果学会了四阶魔方，学习五阶魔方并不需要多掌握多少新的知识，因为五阶魔方采用的也是降阶法。同样，我们先来认识一下五阶魔方的转动。

第二节　五阶魔方的基础转动

五阶基础转动		
外层转动	双层转动	内层转动
R	Rw	3Rw

R'	Rw'	3Rw'

R2	Rw2	3Rw2

复原五阶魔方，我们用的依旧是降阶法。降阶法，我们已经在四阶介绍过了，在五阶魔方里面，原理是类似的。只不过这一次我们要把中间的 3×3 方块拼到一起，作为中心，然后边上 3×1 的一条作为棱块，工作量

大了不少。值得一提的是，五阶魔方在最后并不会出现四阶魔方那样的 O 特和 P 特，这也是奇数阶一个共同的特点。但从特殊情况的角度来说，认为五阶魔方比四阶魔方简单的观点我是不认同的。

第三节　五阶魔方的中心

五阶魔方复原的第一步是复原中心，我们来认识一下五阶魔方的三种中心块。

中中心	棱中心	角中心
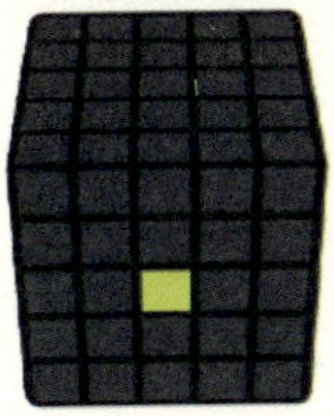		

五阶魔方首先有一个最为居中的中心块，就是中心的点，也是魔方的轴的端点，这个是绝对固定不动的。而棱中心和角中心则会随着转动而移动。首先我们要拼好中间的一条，也就是由固定的中心和两个棱中心拼好的一条，这个非常容易；其次我们可以在侧面拼好第二条，和上面的一条合并起来。至于最后怎么拼成一条，这个事情我相信有四阶魔方基础的都能够做到，无非就是在边上多做一些尝试。当然里面有一些拼顶块的思想，我们在四阶魔方的复原中介绍过。

总之，用和四阶魔方相似的方法做完前四个中心不会非常困难。具体的顺序也可以参照我们在四阶魔方中的顺序，先白后黄，然后处理侧面的中心。

做完前四个中心之后，我们会碰到后二中心。这个时候我们需要学习新的方法。说新也不新，只是更复杂一些。我们还是要用 2Rw' F2、2Rw2 之类的方法去拼好中心的一条。这个还是和前面的拼中心方法相似，然后我们前面是蓝色中心，上面是红色中心。我们的目标就是尽可能把蓝色往下放，红色往上放。具体的方法就留给大家自己去摸索了。

第四节　五阶魔方的棱块

至于棱块，这里我们要介绍两种。

中心棱	翼棱
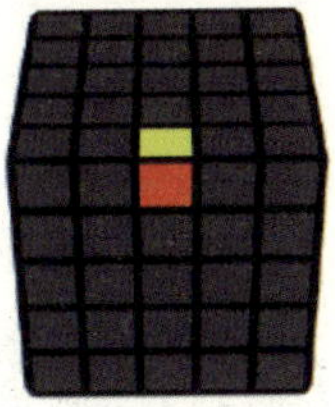	

翼棱这个名字我一直觉得取得很形象。如同鸟儿展开翅膀，翼棱一条有两个。前八棱的做法在我们的四阶魔方教程中也介绍过，叫作 84 法，是一种允许中层规律性错开的方法。比如下图，就可以错开，然后用 R U' R' 或者 F R' F' R 的方式放到中层然后拼在一起。五阶魔方的观察难度会比四阶魔方更高，因为中层的棱块色向也在我们的考虑范围之内。如果错了，我们也可以用翻棱公式（R U R'）（F R' F' R）。

每做好一条，我们就将其搬运到最上面，等到上下都占满之后，正好是八条。此时我们要恢复错乱的中心块。

我们可以先取出一条，然后拼好复原，直到拼完最后的后二棱。后二棱的原理是类似的，只不过我们既可以转 2Uw，也可以转 2Dw。其实就是顶掉已有的块，然后做一个翻棱，或者把空的位置转过来到下面准备迎接翻下来的棱块。

Uw'（R U R' F R' F' R）Uw	Dw' y'（R U R' F R' F' R）Dw

如果你在最后一组碰到了只有中间棱块要翻的情况，那就只需要做一下四阶魔方的 O 特。

Rw U2 x Rw U2 Rw U2 Rw' U2 Lw U2 3Rw' U2 Rw U2 Rw' U2 Rw'

后面的三阶降阶部分我们在这里就不再赘述了，相信你一定可以融会贯通的。

最后提供一些你可能用得到的五阶魔方公式。

第五节　一些实用的五阶魔方公式

五阶后二中心公式			
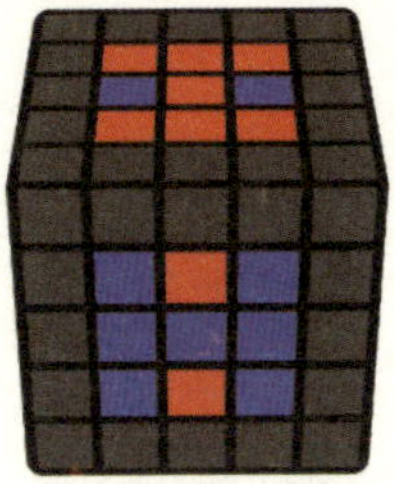	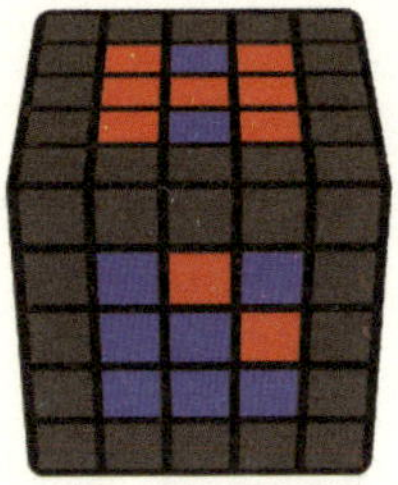	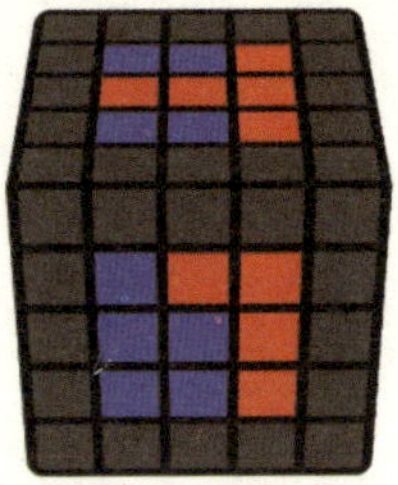	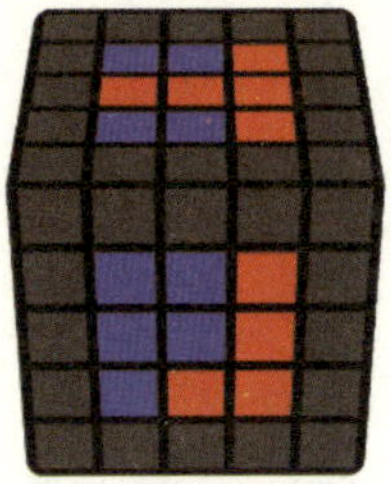
M' U M	（Rw U Rw'）（3Rw U' 3Rw'）	（Rw U' Rw'）（3Rw U' 3Rw'）	（Rw U Rw'）（3Rw U 3Rw'）
		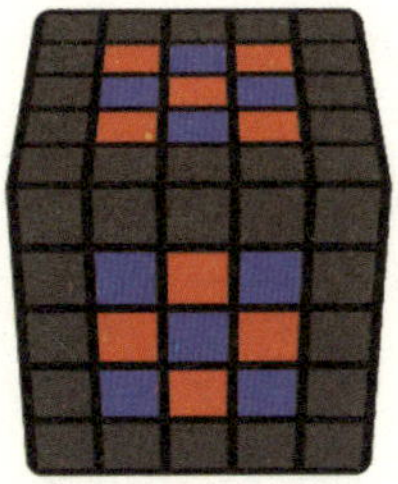	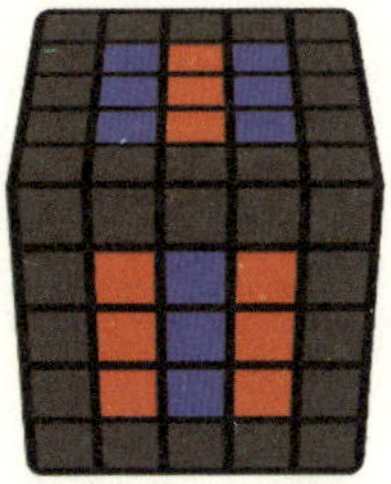
（Rw' F Rw U）（Rw U2' Rw'）	（Rw U Rw' F2）（Rw U2 Rw'）	M' U M2 F' M'	Rw U2' Rw2' F2 Rw

五阶后二棱公式			
无特			
	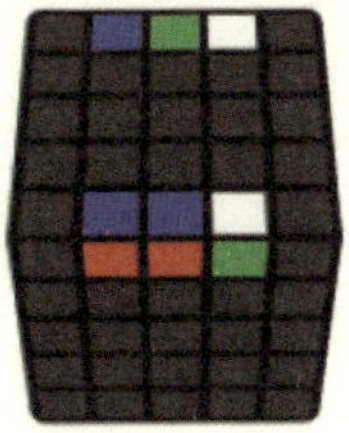		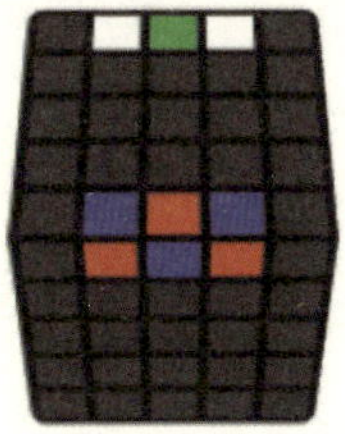

续表

五阶后二棱公式			
Rw' U' R' U（R' F R F'）Rw [z' y']Uw'（R U R' F R' F' R）Uw	3Lw U' R' U（R' F R F'）Rw' [z' y']3Dw（R U R' F R' F' R）Uw'	（Rw2' F2 U2'）（Rw2' U2' F2）Rw2	Rw' Lw U' R' U（R' F R F'）Rw Lw' [z' y']Uw' Dw（R U R' F R' F' R）Uw Dw'
有特			
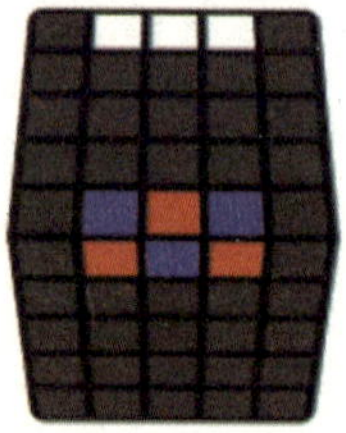			
Rw U2 x Rw U2(Rw U2' Rw' U2)(Lw U2 3Rw' U2')(Rw U2 Rw' U2') Rw'	Rw U2 Rw U2' x U2 Rw U2' 3Rw' U2 Lw U2' Rw2	F2（Rw U2 Rw U2'）Rw' F2（Rw' U2 Rw' U2')(Rw U2 Rw' U2'）Rw2	B2（Rw' U2 Rw' U2'）Rw B2（Rw U2 Rw U2')(Rw' U2 Rw U2'）Rw2'
		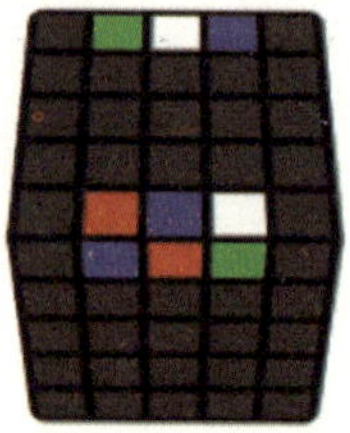	
（Rw U2 Rw2 U2'）（Rw' U2 Rw U2'）（Rw' U2 Rw2 U2'）Rw	（Rw' U2' Rw2 U2'）（Rw U2' Rw' U2）（Rw U2' Rw2 U2'）Rw'	（Rw' U2 Rw U2'）3Lw' U2（Rw U2 Rw U2')(Rw' U2 Rw U2'）Rw2'	Rw2 B2 Rw' U2 Rw' U2' x' U2（Rw' U2' Rw U2）Rw' U2' Rw2

第八章

三阶魔方盲拧教程

第一节　M2OP 公式集

M2OP 公式（朱申杰整理）

PART 1 基础知识
坐标 Coordination 黄顶红前
缓冲块 Buffered Piece UBL 和 DF
编码 Lettering Scheme 角块 =7+ 小循环 - 归位块 棱块 =11+ 小循环 - 归位块 原地翻棱转角算归位块（注意是原地） 缓冲块归位不算归位块（本身不编码）
记忆 Memorization 先角后棱 角：联想棱：读码
复原 Execution 先棱后角 棱块位置→棱块色向→奇偶校验→角块位置→角块色向

PART 3 奇偶校验
（D' L2 D）M2（D' L2 D）（U）

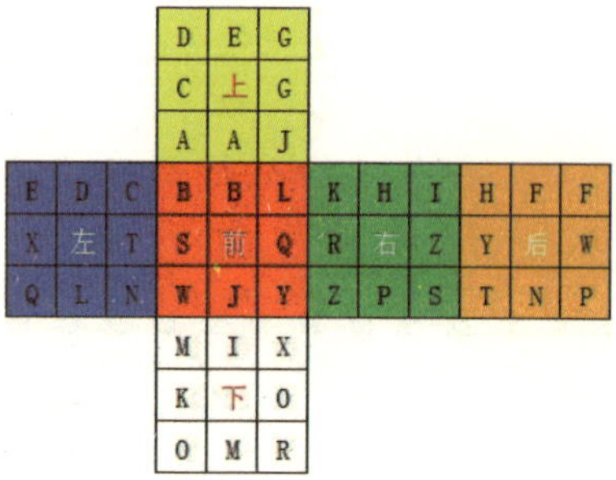

PART 2 棱块 M2		
颜色	编码	公式（Part 4 第三列为 setup）
黄红	A/M	（U2 M'）2
红黄	B/N	D M'（U R2 U'）M（U R2 U'）D' M2
黄蓝	C	（L' U' L U）M2（U' L' U L）
蓝黄	D	（B L' B'）M2（B L B'）
黄橙	E	M2

PART 4 角块 OP		
（R U' R' U'）R U R' F'（R U R' U'）R' F R		
黄红蓝	A	F R'
红蓝黄	B	F' D
蓝黄红	C	F2
黄蓝橙	D	缓冲块
蓝橙黄	E	缓冲块

续表

M2OP 公式（朱申杰整理）					
PART 2 棱块 M2			PART 4 角块 OP		
橙黄	F	（U R' U'）（B' R2 B）M2（B' R2 B）（U R U'）	橙黄蓝	F	缓冲块
黄绿	G	（R U R' U'）M2（U R U' R'）	黄橙绿	G	R D'
绿黄	H	（B' R B）M2（B' R' B）	橙绿黄	H	R' F
白红	I	缓冲块	绿黄橙	I	R2
红白	J	缓冲块	黄绿红	J	F
白蓝	K	（U' L2 U）M2（U' L2 U）	绿红黄	K	R'
蓝白	L	（B L B'）M2（B L' B'）	红黄绿	L	R2 D' / F2 D
白橙	M/A	（M U2）2	白蓝红	M	F'
橙白	N/B	M2 D（U R2 U'）M'（U R2 U'）M D'	蓝白红	N	F2 R'
白绿	O	（U R2 U'）M2（U R2 U'）	红白蓝	W	D
绿白	P	（B' R' B）M2（B' R B）	白橙蓝	O	D F'
红绿	Q	（U R U'）M2（U R' U'）	橙蓝白	P	D' R
绿红	R	（B' R2 B）M2（B' R2 B）	蓝白橙	Q	D2
红蓝	S	（U' L' U）M2（U' L U）	白绿橙	R	R2' F / D2 F'
蓝红	T	（B L2 B'）M2（B L2 B'）	绿橙白	S	R
橙蓝	W	（U' L U）M2（U' L' U）	橙白绿	T	D'
蓝橙	X	（u' L' u）M2（u' L' u）	白红绿	X	R' D' / D' F'
橙绿	Y	（U R' U'）M2（U R U'）	红绿白	Y	D R / F D / R F
绿橙	Z	（u R u'）M2（u R' u'）	绿白红	Z	无
翻棱 1:（M U）2 M U2（M' U）2 M' U2			转角 1:（R U R' U R U2 R'）（L' U' L U' L' U2 L）		
翻棱 2:（M U）4（M' U）4			转角 2:（L' U2 L U L' U L）（R U2 R' U' R U' R'）		

续表

M2OP 公式（朱申杰整理）
M2OP 复原流程

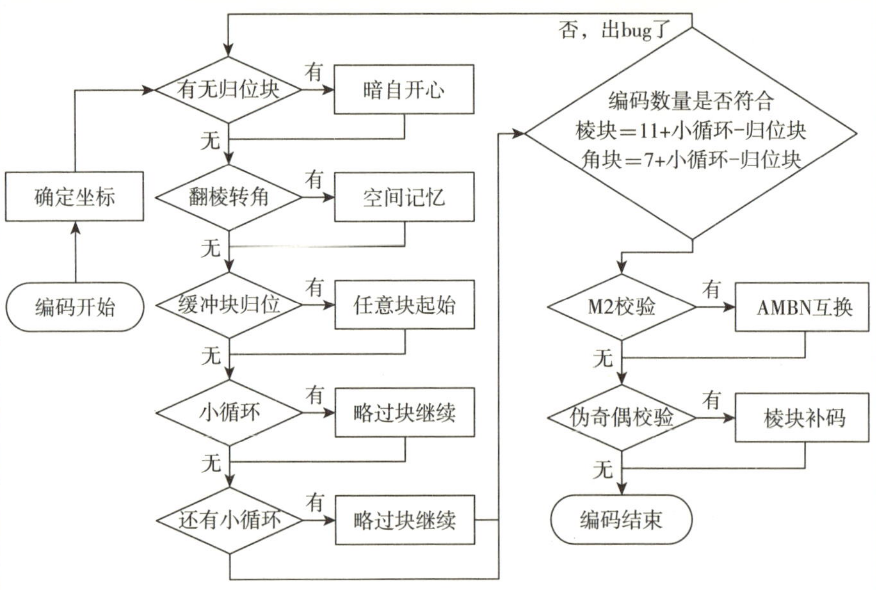

第二节　盲拧的基础知识

三阶魔方除了可以用睁眼的方式复原，还可以用盲拧的方式复原。在普通人眼里，盲拧是一件非常酷的事情，因为复原魔方本身对于他们来说已然很困难了，要是闭着眼睛都能复原，简直是一件不敢想象、只有天才才能做到的事情。

三阶魔方的盲拧有许多种方法，但是都和速拧有着本质上的区别。因为速拧只需要解决当前块不影响复原块即可，而盲拧则需要经历编码复原的过程。所以盲拧的公式只能尽可能影响特定的块，不管是翻转，还是交换我们的目标块。

在开始学习之前，我们可以了解一下现有的世界纪录。

三阶魔方盲拧单次成绩世界纪录 TOP 10					
名次	姓名	国家	成绩（秒）	比赛	日期
1	Max Hilliard	美国	15.50	CubingUSA Nationals 2019	2019-08-01
2	Stanley Chapel	美国	15.68	Florida Fall Fest 2019	2019-09-21
3	Jack Cai	澳大利亚	16.22	Koalafication Brisbane 2019	2019-04-06
4	Jeff Park	美国	16.34	Dallas Cubemas 2019	2019-12-21
5	Jake Klassen	加拿大	16.56	WCA World Championship 2019	2019-07-11
6	Tommy Cherry	美国	16.92	Florida 2020	2020-03-13
7	Gianfranco Huanqui	秘鲁	17.00	Lima Cuberano 2020	2020-01-18
8	Jakob Gunnarsson	瑞典	17.23	Greve Gymnasium 2020	2020-02-29
9	Daniel Lin	美国	17.28	Minnesota Cube Melt 2019	2019-04-27
10	Berta García Parra	西班牙	17.40	Mental Breakdown Germany 2019	2019-09-14
三阶魔方盲拧平均成绩世界纪录 TOP 10					
名次	姓名	国家	成绩（秒）	比赛	日期
1	Jeff Park	美国	18.18	OU Winter 2019	2019-12-14
2	Jack Cai	澳大利亚	18.27	Melbourne Cube Days 2019	2019-11-30
3	Max Hilliard	美国	18.28	Yakima Valley Cubing Spring 2019	2019-06-01
4	Martin Vædele Egdal	丹麦	18.36	Greve Gymnasium 2020	2020-02-29
5	Stanley Chapel	美国	18.94	OSU Blind Weekend 2019	2019-11-08
6	Jake Klassen	加拿大	19.12	Winnipeg Open 2019	2019-10-19
7	Berta García Parra	西班牙	19.23	Mental Breakdown Germany 2019	2019-09-14
8	Liam Chen	美国	20.25	ODU Big Blue Fall 2019	2019-11-23
9	Tommy Cherry	美国	20.46	Silent Summer Orlando 2019	2019-06-22
10	Manuel Gutman	阿根廷	20.81	WCA World Championship 2019	2019-07-11

这里我会介绍一种不错的魔方盲拧入门方法——M2OP 方法。角块我们用 OP（Old Pochmann），和发明者的名字有关系，和 CFOP 中的 OP 没什么关系。棱块就是不断地用 M2 进行交换。同时，学习 M2OP 还要掌握一些翻角和翻棱的公式。M2OP 一次可以解决一个块，相比四步法效率提高了一倍，而彳亍法又比 M2OP 效率更高一倍，所以学习 M2OP 是一个比较折中和适宜的选择。

第三节　盲拧的编码

公式表我们已经列出了，但是只有一个公式表你可能不知道其中的含义，我们在此一步步地做解析。首先我们要确定一个固定的坐标，比如魔方的打乱坐标是白顶绿前，我们可以根据自己的习惯来选择坐标。我选择的是黄顶红前。不管之后我们怎么调整魔方的朝向，都要转回我们的设定朝向。其次我们要给魔方的每一个块，准确来说是每一个面取一个名字。棱块和角块一共 24 个面，角块是 8×3，棱块是 12×2。那么我们就可以得到下面这张图。

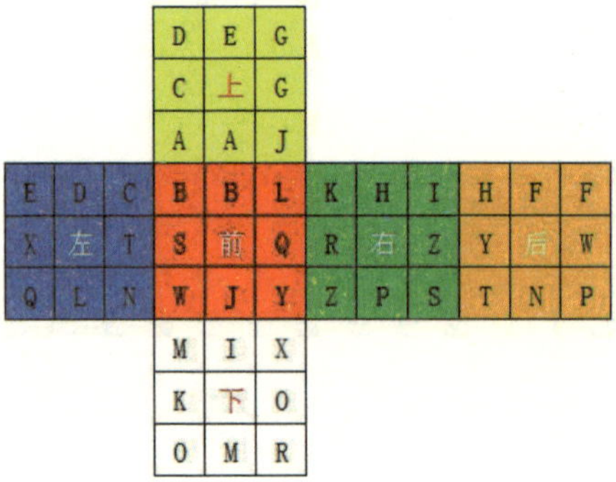

英文字母一共有 26 个，这里实际上需要编码的棱块和角块只要使用

24个，我们把U、V两个字母删去。将这24个字母按照一定的顺序进行编排，怎样编排取决于你的喜好，但是它们直接影响你后面的复原。所以坐标和编码一开始就要固定下来，以后我们会反复用到，如果要盲拧的话，记住每一个块、每一面的编码是必不可少的基本功。

第四节　盲拧实例一

基本情况（无解决块，无缓冲块归位，无原地翻转）

记住坐标之后我们要学习如何对一个打乱的魔方进行编码，比如这个打乱的 L' U2 F' R F B2 D B U D R2 F2 D' R2 D F2 B2 L2 D2 L'。我们先要摆对坐标，摆成黄顶红前，编码按照先棱块后角块的顺序。

打乱后：		调整坐标：	

除非缓冲块已经归位了，一般情况下，编码从缓冲块开始编。我们先看DF面，也就是底面和前面交界处的棱块。这里此时是黄红棱块的红色面，黄红棱块的黄色面，在我们原来的编码里就是B。第一个棱块编码编好之后，黄红棱块原来的位置被谁占领了呢？被白蓝棱块的蓝色面。第二个编码是L。那么白蓝棱块的位置，此时是橙蓝棱块的橙色面，编码是W。而W要去的位置是绿橙棱块的绿色面，编码是Z。Z要去的位置是橙白棱块的橙色面，编码是N。N要去的位置是橙黄棱块的橙色面，编码为F。F要去的位置是红绿棱块的红色面，编码是Q。Q要去的位置是蓝红棱块的蓝

色面，编码是 T。T 要去的位置是蓝黄棱块的黄色面，编码是 D。D 要去的是白绿棱块的绿色面，编码是 P。P 要去的位置是黄绿棱块的黄色面，编码是 G。这个时候 G 面是白红棱块，正好是我们的缓冲块。

缓冲块是不用编码的，因为当别的块都复原后，缓冲块会是唯一的。一个棱块只需要编码一个面即可，所以标准情况下棱块编码是 11 个字母。连起来就是：BLWZN FQTDP G，自己做的时候可以每编一个就用公式试一下是不是处理了这个情况。比如，做第一个 B 的时候，你会发现做完公式之后，黄红棱块被塞在了黄色中心和红色中心之间，相对位置已经正确了，说明编码是对的。做 L 对应的公式，蓝白棱块就会归位。实际上，大部分公式都是通过三步，把棱块 setup 到 E 的位置，然后用 M2 让 E 和 I 做一个交换。

在睁眼复原的时候，你很可能看到棱块“看上去没有复原”，这个时候你要考虑一下，是不是因为 M2 的缘故，让你产生了错误的感觉。虽然棱块不断地在做 M2，但是你始终要把中心当作黄顶红前来看棱块的归位情况。如果你是一个一个做的，也可以逐个编码，每次只看 DF 的棱块要去哪个位置并做相应的公式。在一开始，需要通过这样的方式熟悉每个面的编码和对应的公式。

当我们做到公式 N 的时候，有一个小问题。我们看到公式写的是 N/B，意思是我们要选择其中的一个公式。那么选哪个呢？这个主要取决于中心块是否归位，就是我们看到的中心块是黄红还是白橙。此时我们看到的中心块是黄红块已经归位了，那我们大可放心地直接做公式 N。做完以后，我们看到橙白棱块被塞到橙白的位置里了，正好因为 M2 出现在我们的前方。

那么有个问题。我们在睁眼的时候，一眼就能看出来中心块有没有好，闭眼的时候怎么办？其实很明显，中心块有没有复原取决于我们转动中心块的次数。我们转了偶数次 M2 的时候，中心块肯定是原来的坐标。但是如果我们转了奇数次的时候，中心块就被“破坏”了，对应的公式也就不同了。我们会发现，N 在编码中是第五个字母，也就是被转动了五次，中心块一定是复原的。

接下来我们要做的 F 公式比较麻烦，因为这个棱块恰巧在中层。所以我们 setup 的方式没有这么简单，而是要通过更长的步骤来保证只影响这一个块。M2 方法做棱块的时候，涉及中层的棱块总是比较麻烦的。

当我们按照顺序做完所有棱块的时候，会发现我们的中心块并没有归位。这是因为我们总共做了 11 个字母，11 次公式，里面有 11 次 M2，中心块势必被多转一个 M2。这个 M2 我们需要结合角块一起解决，也就是所谓的奇偶校验。我们需要做 PART 3 的奇偶校验的公式，做完之后中心块会复原，但是 UB 和 UL 棱块会做一个交换。

在我们的坐标里面就是黄橙和黄蓝棱块会交换。不过不用担心，因为我们复原角块的 OP 公式也在不断地交换黄橙和黄蓝棱块。也就是说，我们肯定会做奇数次角块公式把这个交换了的棱块在最后交换回来。为了记住奇偶校验，我们还特地把一个不用的编码 U 扔给奇偶校验这个步骤。现在我们从头到棱块完整地来一遍，可以把魔方藏在桌子底下，对照着编码和公式来一遍。

打乱：L' U2 F' R F B2 D B U D R2 F2 D' R2 D F2 B2 L2 D2 L'。

棱块编码：BLWZN FQTDP GU。

棱块编码完成之后我们来对角块进行编码。一样地，我们先从缓冲块的位置开始。缓冲块自身是不用编码的，那么白绿红这个棱块要去的位置就是 DFR 这个位置。我们会看到一个用于交换角块的公式（R U' R' U'）R U R' F'（R U R' U'）R' F R，这个公式其实就是三阶速拧 Y perm[①] 去掉前后的 F 的转动。去掉之后我们可以实现 D 面和 Z 面交换的效果。由于 D 面在缓冲块里，所以我们需要把所有的角块都 setup 到 Z 面上。

暂且不管如何 setup，我们先来编码。白绿红角块的红面要去的位置是 Y，而 Y 此时是蓝红黄角块的蓝面；Y 要去的位置是 C，而 C 此时是黄绿红角块

① 即本书 63 页表中最后三行中间的公式。

的黄面；C 要去的位置是 J，而 J 此时的位置是绿白橙角块的绿面；J 要去的位置是 S，而 S 此时是白蓝红角块的白面；S 要去的位置是 M，而 M 此时是黄绿橙角块的橙面；M 要去的位置是 H，而 H 此时是白蓝橙角块的白面；H 要去的位置是 O，而 O 此时正好被缓冲块占据，这样我们的编码也就结束了。

角块编码是：YCJSM HO。

按照公式一步步做肯定是没错的，这也是非常标准的一个打乱。总共 7 个编码，因为和棱块同理，7 个块确定后，最后一个缓冲块会是唯一的。同时，我们刚才奇偶校验交换的棱块也在角块复原的时候被交换了回来，因为我们也做了奇数次角块公式。

至于是怎么 setup 的，其实并不复杂。如果我们要让绿色面转到 Z 这个位置，只需要转动 R 层即可。同时 F 和 D 的转动也是被允许的。不能转 ULB 的原因是会影响到缓冲块所在的位置。总之，根据简单的常识，角块的 setup 完全不需要记任何多余的东西，都可以自己推导出来，且 setup 一定不会超过两步。

相对于棱块的编码，角块的编码更容易记忆一些，那么为什么我们要先编棱块后编角块呢？因为棱块的奇偶校验公式比较简单。同时我们需要把编码短的角块用字母组合、拼音联想的方式记下来，以维持比较长时间的记忆。然后把棱块直接读出来，这样的好处是我们可以先解决比较长的、比较难记住的棱块编码。这也算是一个不错的小策略，用的是先拧后记的方法。

第五节　盲拧实例二

特殊情况 1（棱块缓冲块归位，角块要转角）

基本掌握了公式的使用后我们再来举一个例子，看看我们还可能碰到哪些非常规的情况。

我们来看一个新的打乱会有什么不同。

打乱公式：F2 D2 R B2 R' B2 L2 B2 R D2 L B' D' B' F' L2 D' L' R2 B R'。

打乱后：		调整坐标：	

这是一个非常好的例子。因为此时，当我们调整好坐标以后，发现缓冲块已经归位了，但是它的色向不对，那这个时候我们应该如何编码呢？缓冲块肯定不用编码，但不同以往的是，我们需要任意选择一个块作为起始，只要我们最后回到这个块的位置即可。

那么翻棱的问题怎么解决呢？我们先不用管它。我比较喜欢从 G 开始编码，因为 G 的公式非常顺手。此时 G 是橙蓝棱块的橙色面，它要去的位置是 W。然后我们依次编码，发现此时 W 黄蓝棱块的黄蓝要去的位置是 C，依次编码直到 H。我们发现这个时候，以 H 结尾（而开头是 G）。如果我们给同一个块编了两个不同的码，那么实际上我们就对这个块做了一次翻转。准确来说是把它和缓冲块同时做了一个翻转，因为我们并不能单独翻转一个棱块。

所以我们通过一串不经过缓冲块的编码最终解决了缓冲块翻棱这个问题。那么这样一个不经过缓冲块的循环我们称作小循环。我们可以得到一个公式，棱块编码 =11+ 小循环数量，所以这里有 12 个棱块编码。我们可以总结出这样一个经验，当且仅当只有缓冲块需要原地翻转的时候是不需要额外进行翻棱操作的。

棱块编码：GWCLN TZBQP EH。

当然，我们还要记得对编码做适当的加工。实际编码是 GWCLN TZNQP EH，第 8 个 B 需要改成 N，第五个 N 不需要动。奇数个字母因为转动了偶数次中心块所以用原公式，偶数个字母因为转动了奇数次所以用斜杠后的公式。由于总共进行了偶数次转动，所以不用进行奇偶校验的步骤。

然后是角块编码。

角块编码：YSGOC J。

我们从白绿红角块的红色面也就是 D 面开始编码，缓冲块自然不用编码。按照顺序发现它要去的 Y 面是白绿橙的绿面，那么编码就是 G，依次类推直到 J，J 面此时是黄橙蓝角块的黄色，我们编到了缓冲块，这意味着我们的编码结束了。再仔细一想，这编码只有 6 个吗？理论上我们会有 7 个编码，少了 1 个。我们发现有一个只需要原地转角的角块，那就是白蓝红，这样我们就可以得到 7–1 个解决块，就是 6 个编码。对于单独的一个翻角，我们可以采用空间记忆的方法。

解决的方法是我们用 F 转动 setup 角块到 UFL 的位置，要保证角块始终和缓冲块一起翻角。然后用两个小鱼公式叠加而成的翻角公式（R U R' U R U2 R'）（L' U' L U' L' U2 L）。这是一个逆时针翻角的情况，翻好了之后按公式的逆序做一遍。如果 setup 到了这个位置而角块需要顺时针翻转，那么我们就需要另一个小鱼叠加的公式（L' U2 L U L' U L）（R U2 R' U' R U' R'），仔细观察一下就是转角公式 1 的逆公式。盲拧公式虽然长，但是并不难，规律性都比较强。

值得注意的是，在一开始是不能单独调整一个角块和棱块的色向的，原因也很简单，因为调整这个棱块或角块需要和缓冲块一起翻转，这样势必影响从缓冲块开始的编码，我们必须在棱块或者角块复原这个环节结束之后才能做调整。

所以打乱 F2 D2 R B2 R' B2 L2 B2 R D2 L B' D' B' F' L2 D' L' R2 B R'，总的编码是角块 YSGOC J，棱块 GWCLN TZNQP EH。你也可以尝试一下先做棱块再做角块，当没有奇偶校验的时候，效果是一样的。

第六节　盲拧实例三

特殊情况 2（棱块有解决块，产生小循环）

打乱公式：U' B2 R2 L' B D2 L F R' L2 F2 R2 D2 B2 D R2 D2 B2 L2 U2。

这是一个非常好的例子。

打乱后：		调整坐标：	

我们先来看棱块的编码，实际操作过程中要先编角块，但是由于棱块比较复杂，我们先看棱块。

棱块的编码是 NHCYS P，这是我们从缓冲块出发得到的编码，最后编到 P 的时候就碰到了缓冲块，编码结束了。但显然这个棱块编码数量是不够的，原因之一是黄橙棱块已经复原了。我们知道一个棱块一定是会有一个面的编码的，只要它没有复原。但我们发现 AB 就没有，于是我们要继续从 A 编起，A 要去 Q，Q 要去 L，L 要去 X，X 回到 A。这样我们就完成了棱块编码。

NHCYS PAQLX A，总共 11 个字母，实际编码数 =11+ 小循环 – 解决块 =11+1–1=11 个，用公示表里的公式检验，我们发现确实没有少编码。编码之后我们要对 ABNM 做一个转换，规则我们已经提到过了，奇数个时保持原样，偶数个时要变换。

NHCYS PAQLX A= NHCYS PAQLX AU，不要忘记加上奇偶校验。接下来就是角块编码了，LOHBRXW 七个编码，是最标准的情况，没有什么难度，奇偶校验也会调整好。

实战演练（棱块有翻转块，角块有翻转块和小循环）

打乱公式：B D2 U2 L D2 R U2 R' F2 L2 F2 D2 F' U' L' B2 R' D' R U2 F'。

打乱后：		调整坐标：	

这一次我们要根据盲拧的完整流程全部来一遍。首先是角块编码，观察一遍发现白蓝红角块已经好了，只是要转角。随后编码 QBZL，角块编码回到了缓冲块，换个位置继续编码 IRH。总编码数量应该是 7+1 个小循环 –1 个归位块 =7 个，QBZLIRH 确实是 7 个。这个公式可以用联想的方法记住，举个例子，你可以记成“Q 币在熊猫血里”。Z 代表在，L 代表里，RH 阴性是熊猫血，总之，用比较有逻辑的方式可以维持一个相对较长公式的记忆。

然后是棱块的部分，先观察一遍，发现红蓝棱块需要翻转。那么观察完之后从缓冲块开始编码，我们还不确定编码的具体数量，因为不知道有多少个小循环。用 PMBQ XDKE，这 8 个字母的操作使缓冲块归位。数量有一些不够，我们看看是不是有小循环。从 G 开始，因为 GH 都不在原来的编码内。GYG，确实是有小循环，编码总数就是 11+1 小循环 –1 解决块，还是 11 个。

棱块读码结果：PMBQ XDKE GYG。

别忘了进行 M2 校验和伪奇偶校验，也就是补全最后一个 U。

实际可以读成：PABQ XDKE GYGU。

读完并记忆之后可以拉下眼罩，先做棱块的复原。

全部做完之后不要忘记蓝红棱块和缓冲块要一起翻棱。翻棱有两种方法，一种是用两个公式翻棱，比如说，这种情况就是 X 和 W 的公式连用即可。另一种是我比较推荐的，就是直接用四步法的翻棱公式。我们需要先做 R U' 这样一个 setup，然后用 x 翻棱，再逆序做回去即可。

还记得角块吗，我们编了一个短语叫作"Q 币在熊猫血里"，QBZLIRH，还有白蓝红角块要翻。最后就是熟悉的 setup，F，逆时针旋转用对应的公式很方便就做好了。当然，你确实也可以用我们刚才说的两个公式叠加的方法来转角，但是我不是很推荐，因为效率比较低。

关于盲拧杂七杂八的东西我就暂时写到这里，我们用三个例子来梳理了一下究竟要如何正确地使用公式。再举例的话，我可以举出一百个一千个例子，但是这没有意义，毕竟学会方法就能一通百通。公式并不难，难在有许多例外的情况，没有盲拧基础的朋友要边看边想边做，才能真正掌握盲拧的方法。M2OP 相比于其他方法已然非常优秀和容易上手了。

在此，我们把 M2OP 编码的流程进行了一个梳理，见下页图。首先，我们要确定自己的坐标和编码体系，这个因人而异。然后，无论是棱块还是角块都要遵循这张图中的规则，即先看有没有归位的块，翻棱转角都算作归位块，有的话不需要翻棱转角直接进行下一步操作，没有的话需要翻棱转角，记一下空间中的位置。然后看缓冲块有没有归位，已归位的话我们就要从别的地方选一个起始编码，且这一串编码最后要回到这个块上。

M2OP盲拧编码流程

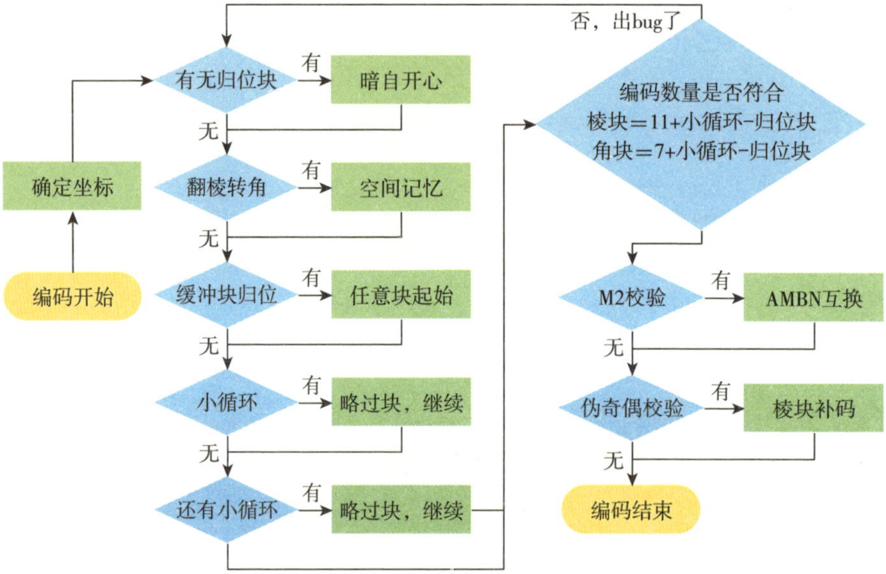

如果我们编完一串编码的时候发现数字不够，说明出现了小循环。所谓小循环就是不经过缓冲位置的循环，独立于缓冲块的循环。比如，刚才那种缓冲块归位的情况就是一个小循环。再如，很可能有直接的两角交换，这样也是一个小循环。其实与之对应的经过缓冲块的就是大循环，只是大循环不特殊就不单独拿出来讲了。

编完所有的块之后我们要做一个检验，就是它们是否满足等式：

棱块编码数量 =11+ 小循环数量 – 归位块数量

角块编码数量 =7+ 小循环数量 – 归位块数量

如果不符合，则需要回到编码开始时返工；如果符合，我们需要进行最后两步校验，分别是 M2 校验和伪奇偶校验。棱块读码结果：PMBQ XDKE GYG，我们再次以这串编码为例。我们知道，做第二个 M 之前中心被转动了一次，所以白橙棱块此时要归位就得做黄红棱块的公式，体现在字母上就是 M 换成 A。下一个 B 是不用换的，因为在这之前中心块正好用 M2 转动了偶数次。这就是 M2 校验。

M2OP 的奇偶校验也比较简单，如果做了奇数次棱块，M2 就直接在最后补齐即可。确保中心块的坐标是正确的，被交换的 UB 和 UL 棱块会自然而然地在角块部分被交换回来。

盲拧我们就讲到这里，如果你有兴趣，也可以对四步法或者彳亍法做更多的了解。或者刻苦练习编码的记忆，争取在赛场上能够取得盲拧的好成绩，这也是一件很有成就感的事情。

第九章

魔表教程

第一节 魔表的基础知识

在 WCA 的 18 个比赛项目中，有一个非常特殊的异形项目叫作魔表（Rubik's Clock）。很少有人在接触魔方，或者说，成为专业的魔友之前，很少有人接触过魔表这个项目，甚至都没见过这个神奇的“玩具”。它最早由 Christopher C. Wiggs 和 Christopher J. Taylor 发明，后来魔方的发明者 Erno Rubik 买下了他们的专利，并把这个机械玩具改成和魔方类似的名字，并于 1988 年进行量产和推广。

魔表总共有正反两面，中间有四根立柱，用来控制四个角的拨盘所影响的块。当一根立柱抬起后，这根立柱四周的四个指针就会随之转动。我们的目的是把打乱的魔表的指针全部归到 12 点。魔表总共有正反各 5 个中心块，和 4 个角 14 个独立转动的块。每个块的朝向任意，所以总共会产生 12^14=1 283,918,464,548,864 ≈ 1.3 × 10^15（1300 万亿）种情况，相比三阶魔方的逾 4300 亿亿种情况还是少了些，但是也已经足够多了。

魔表在很多地方与传统的魔方不同，虽然广义上它们都算是一种以群论为基础的机械玩具，我们可以在某种程度上把它视作二维的魔方。但是它和魔方真的不太像，因为它过于简单了。魔表是 18 个官方项目中最容易上手的项目。只有魔表可以做到真正的纯理解零公式复原。基本上上手半小时，人人都可以学会魔表的复原。以前 WCA 有一个比魔表还简单的项目叫作魔板，但后来由于动作太单一，复原太简单，就被取消了。魔表也曾一度面临被取消的危机，不过至少到现在还“苟活”在名单之中，尽管地位不高。

魔表这个项目，即使是魔友自身对它的看法也有很大的分歧。不喜欢的魔友认为它过于死板，没有太多的变化，练习起来也非常枯燥。而喜欢它的魔友则认为，从竞速的角度，他们非常喜欢这种看似枯燥的练习。说到底，任何项目如果你要专攻都是非常单调的，需要一定的毅力，最好能乐在其中。不过仅仅讨论它的复原的话，我们就不考虑速拧的问题了。

不管是与别的项目进行的横向对比，还是与魔方竞速历史的纵向对比，我们似乎都只能得出一个结论：魔表是个冷门项目。不过当我们放眼中国，尤其是我所处的江浙沪地区，魔表绝对算不上冷门。很多时候某一个项目会在一个特定的地区开始一种无法用科学解释的流行，如江浙沪的魔表，又如广东的 SQ1，再如东南沿海尤其是佛山的斜转。因为这种流行，比赛中就会多开展相应的项目，赛练相长，促进某一项目在某一地区的兴盛。如何描述江浙沪的魔表水平呢？大部分比赛的决赛圈水平超越了他国国家锦标赛的领奖台水平。

第二节 魔表成绩的纪录

至此，我们对于魔表已经有了非常多的感性认识。为了加深对魔表的理性认识，我们来看看魔表各项成绩的世界纪录：

魔表单次成绩世界纪录 TOP 10					
名次	姓名	国家或地区	成绩（秒）	比赛	日期
1	孙铭志	中国香港	3.29	GDSY Open 2019	2019-03-23
2	Dmitry Gundin	俄罗斯	3.34	MPEI Open 2019	2019-11-22
3	娄云皓	中国	3.40	Shenzhen Open 2018	2018-07-21
4	Evan Liu	美国	3.51	George School Open 2019	2019-05-11
5	钟泰然	中国	3.64	WCA Asian Championship 2018	2018-08-17
6	Nathaniel Berg	瑞典	3.73	Danish Open 2015	2015-06-20
7	Wojciech Knott	波兰	3.93	Ekonomik Elektryk Cube Race 2018	2018-10-06
8	Sam Spendla	英国	3.98	Leeds Open 2019	2019-07-27
9	Siddhi Venkatesh	印度	4.00	Indian Nationals 2019	2019-04-11
10	Stanley Chapel	美国	4.08	Florida Fall Fest 2019	2019-09-21

魔表平均成绩世界纪录 TOP 10					
名次	姓名	国家或地区	成绩（秒）	比赛	日期
1	娄云皓	中国	4.38	Hangzhou Autumn 2019	2019-11-09
2	钟泰然	中国	4.53	China Championship 2019	2019-07-26
3	Dmitry Gundin	俄罗斯	4.99	MPEI Open 2019	2019-11-22
4	孙铭志	中国香港	5.04	GDSY Open 2019	2019-03-23
5	Wojciech Knott	波兰	5.14	Polish Championship 2018	2018-10-26
6	Stanley Chapel	美国	5.15	CubingUSA Nationals 2019	2019-08-01
7	Evan Liu	美国	5.33	Birmingham Open 2016	2016-12-17
8	洪绍恒	中国台湾	5.35	Taipei Almost Without NxN 2019	2019-03-31
9	Nathaniel Berg	瑞典	5.36	SSL 3 Kungsbacka 2017	2017-09-30
10	Kerry Creech	美国	5.37	Blue Ridge Mountains 2020	2020-02-29

我们可以看到，单次成绩世界前十名中有三个中国人，平均成绩世界前十名中有四个中国人，非官方纪录也由中国选手钟泰然保持。中国魔方界对于某一项目的钟爱，无出魔表右者。

第三节　魔表的记号

接下来我们就正式开始魔表的学习。我们再来认识一下魔表，如果你熟悉魔方转动的字母表示，我们可以把它迁移过来。把上面称为 U，下面称为 D，左边称为 L，右边称为 R。那么四根立柱可以用两个字母组合的方式来表示，即 UL、UR、DL 和 DR。其实也就是左上、右上、左下和右下，只是用字母表示会更简洁一些。

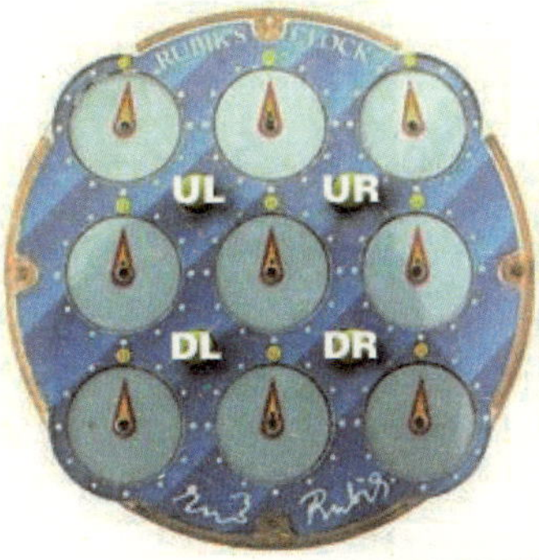

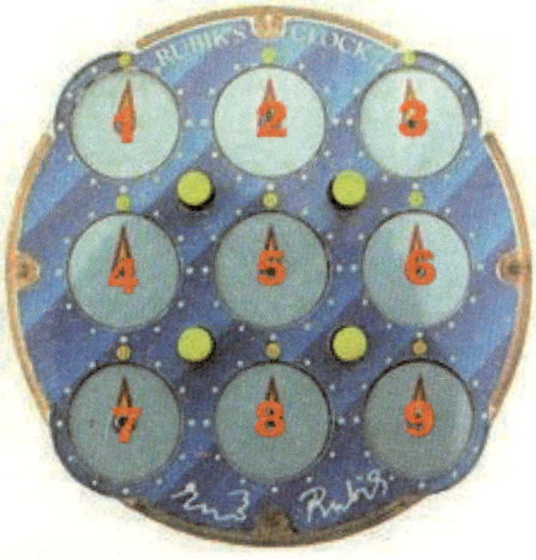

为了表述清晰，我们给每一面上的指针从左往右，从上往下标个号，这样当我在说几号指针的时候，你就能很快找到对应的方位。当然你可能会担心魔表不止一面，为什么我们只标一面的号？其实大可不必担心。我们之前就说过魔表的结构，魔表分为中心块和角块，中心块就是下图中的2、4、5、6、8，角块则是1、3、7、9。中心块的正反是没有影响的，所以我们需要分两次复原；角块正反面联动，所以只需要复原一次。

关于魔表的品牌，主要有R表和其他的一些国产表，如A表。R表早已停产，整体数量变得越来越少，而国产的魔表质量相对差一些，且没有一款是专门为竞速设计的。魔方厂家魔方格曾一度宣布要推出魔表“传世”，后来因为种种原因也跳票了。近年来的磁力技术使得魔表得到了小规模的复兴，运用里面或者外部加磁铁片的手段，一定程度上解决了有的国产魔表掉立柱的问题。不过从根本上说，我没有办法做一个魔表的推荐，因为可供选择的余地实在太小了。

第四节　魔表中心的复原

我们还是直接切入正题，先来看看一个打乱的魔表是什么样子的。

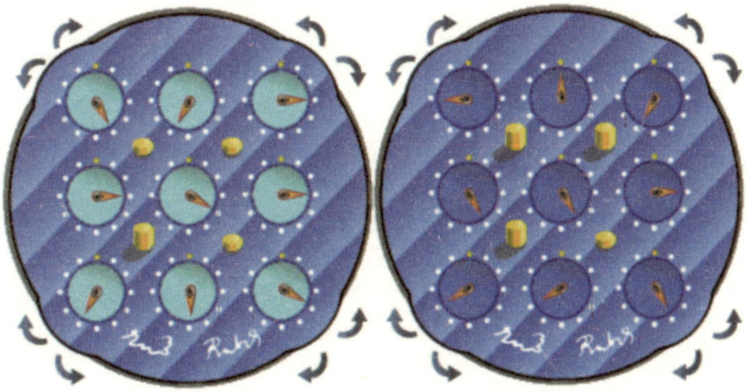

我们可以看到，魔表被打乱后，指针会朝向任意的方向，同时立柱也会有不同的状态。我们要做的就是让所有的指针都指向同一个方向——12点，立柱的状态则无所谓。魔表在比赛时必须竖着放置，不过拍表后则可以平放在桌子上。

在学习魔表的复原之前我们要牢记一个原则，就是我们要转动哪一个齿轮，就必须抬起对应的立柱。如下页上图所示，我们如果要转 DL 的齿轮，就必须抬起 DL 立柱，这样我们可以同时控制 4、5、7、8 四根指针的转动。一定不能在 DL 指针按下去的时候转动这个齿轮，因为它在正面按下去意味着它在背面被抬了起来，你所有的拨动都作用在了你看不见的反面的指针上，这可不是我们想要的效果。

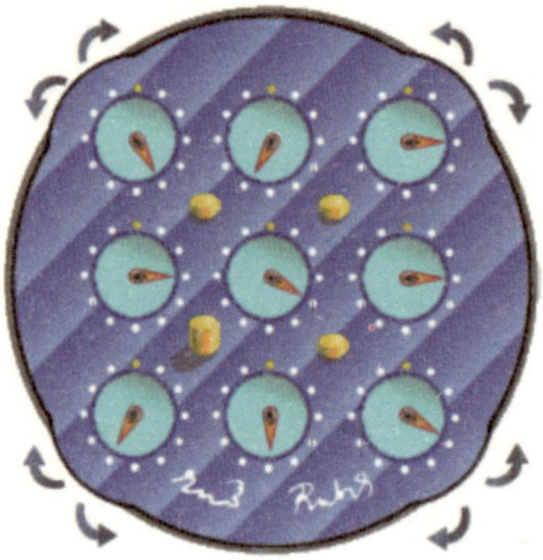

魔表的复原总共分为三步：正面十字→反面十字→角块。总的思路就是不断地把我们已有的指针和剩下的指针对齐。

就以我们之前打乱的情况为例，我们尽量从立柱抬起少的那一面开始做。此时 DL 立柱被抬起，我们可以转动 DL 拨盘，使中间的 5 号和 2 号指针对齐。当然 5 号也可以和 6 号对齐，只是对齐 2 号指针后面步骤会简单一些。

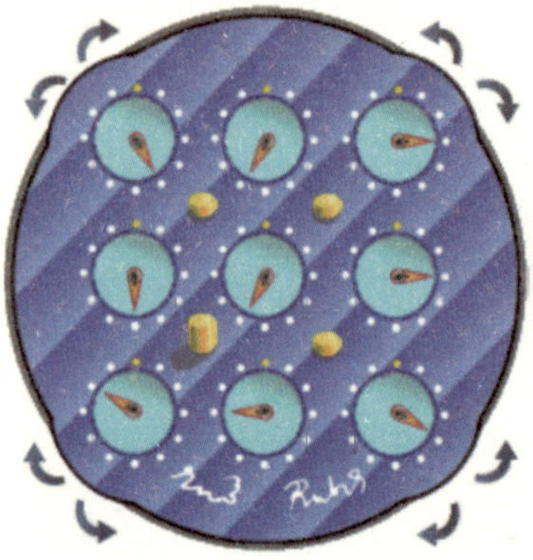

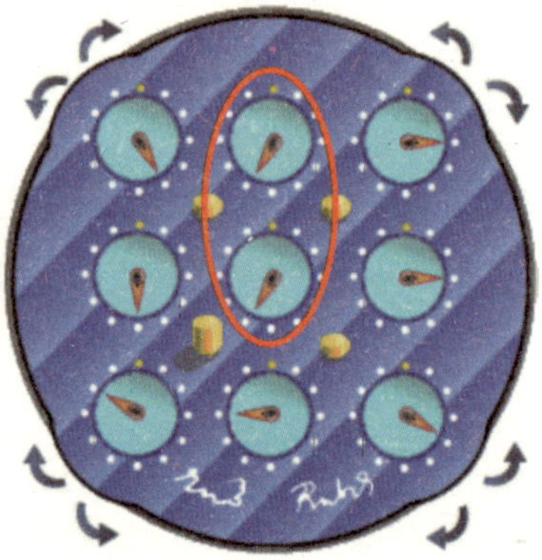

当我们对齐 2 号和 5 号指针的时候，可以放下 DL 这根立柱，然后思考下一步应该抬起哪一根立柱。我们希望的效果是 2 号指针和 5 号指针可以一起运动。如果我们这个时候不放下 DL 立柱，继续转 DL 齿轮的话，那么 5 动 2 不动，我们之前的对齐就是徒劳的了。而不管是 UL 还是 UR，能够同时影响 2 号和 5 号指针的也只有上面的立柱了。假设我们抬起 UR 立柱：

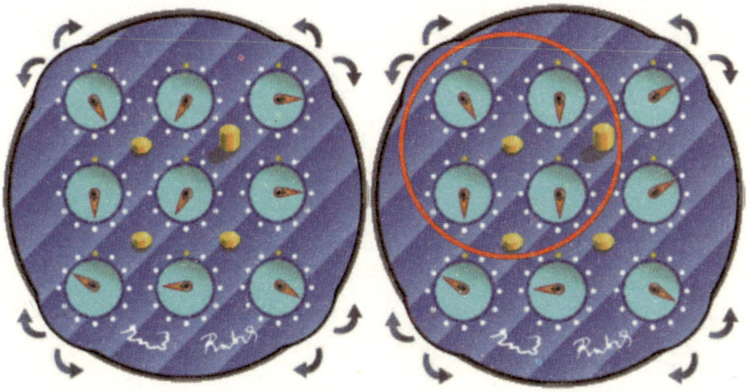

我们影响的是哪四根指针呢？这个时候 2、3、5、6 会同时转动。我们有两种选择，可以对齐 4 号或者 8 号指针。例如，我们可以对齐 4 号指针，逆时针转 1 格，这时 2、4、5 三根指针就对齐了。接下来我们的选择就很明显了，要同时让 2、4、5 转动，就必须抬起 UL 这根立柱。

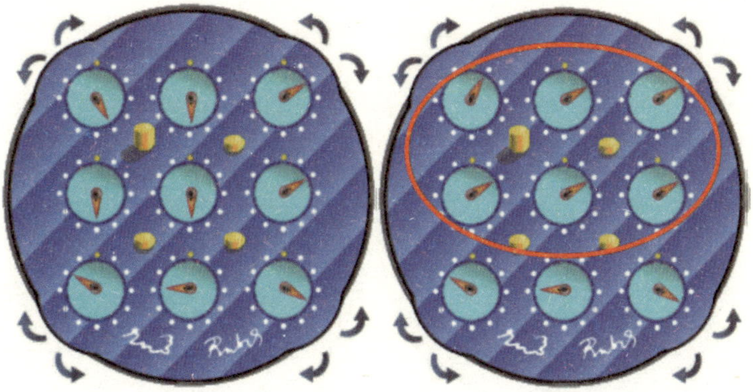

抬起 UL 这根立柱之后，我们就可以把 2、4、5 和 6 号指针对齐，逆时针旋转 4 格，这个时候我们可以看到 2、4、5、6 四根指针全部对齐了。那么此时如果我们要让所有的已经对齐的指针一起转动，就要抬起 U 的立柱，逆时针转动 5 格，和下面最后一根中心指针 8 号对齐。

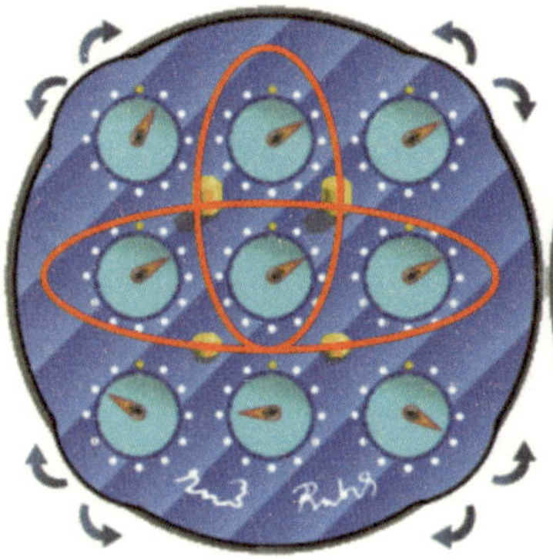
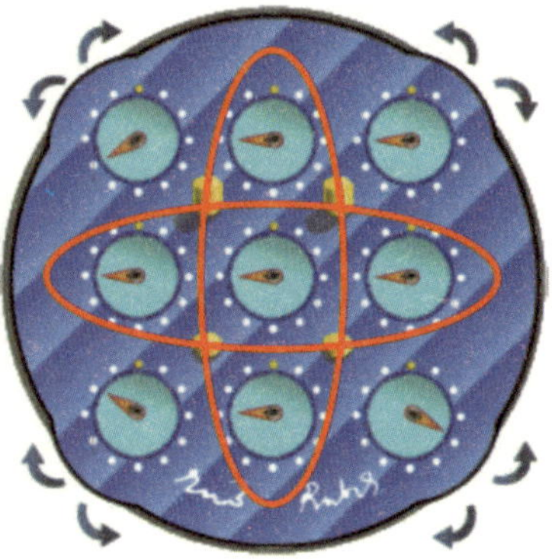

如上图，我们抬起了上面的两根立柱，使得 2、4、5、6 和 8 号指针对齐。这个时候我们就可以全抬（ALL），把所有的指针都指向 12 点，这样第一面的中心十字就完成了。其实抬立柱的顺序可以很灵活，这里我们先总结一下我们用的方法，就是先抬一根下面的立柱，2、5 对齐，然后 2、4、5 或者 2、5、6 对齐，最后 2、4、5、6 和 8 对齐，这样的方法相对易于转动。

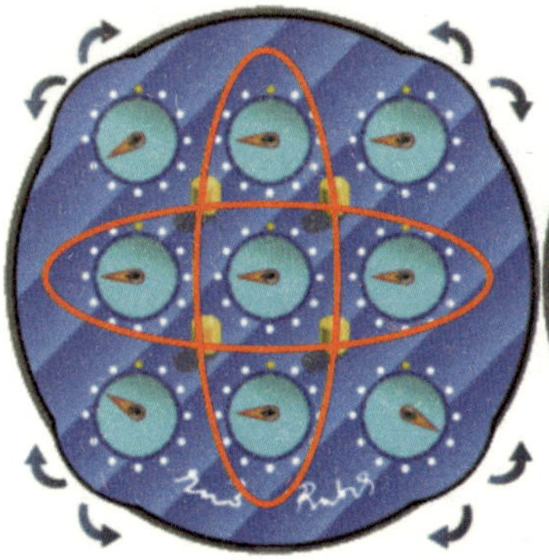
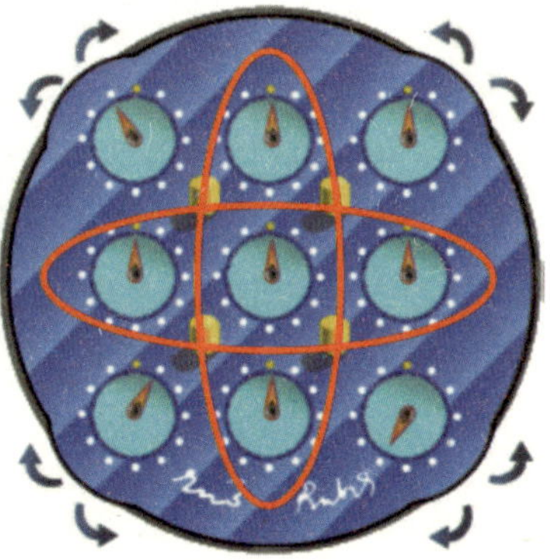

第五节　魔表第二面中心的复原

接下来我们要把魔表翻到背面，用类似的方法完成第二面的中心十字。

翻过来后，我们应该会发现立柱都是按下去的，因为我们刚才在反面全部抬起来了。我们注意到 4、5 已经对齐了，如果我们要同时影响这两根立柱，要选择左边的立柱。一般我们先抬下面的立柱，于是我们抬起 DL 立柱，把 4、5 和 2 对齐。

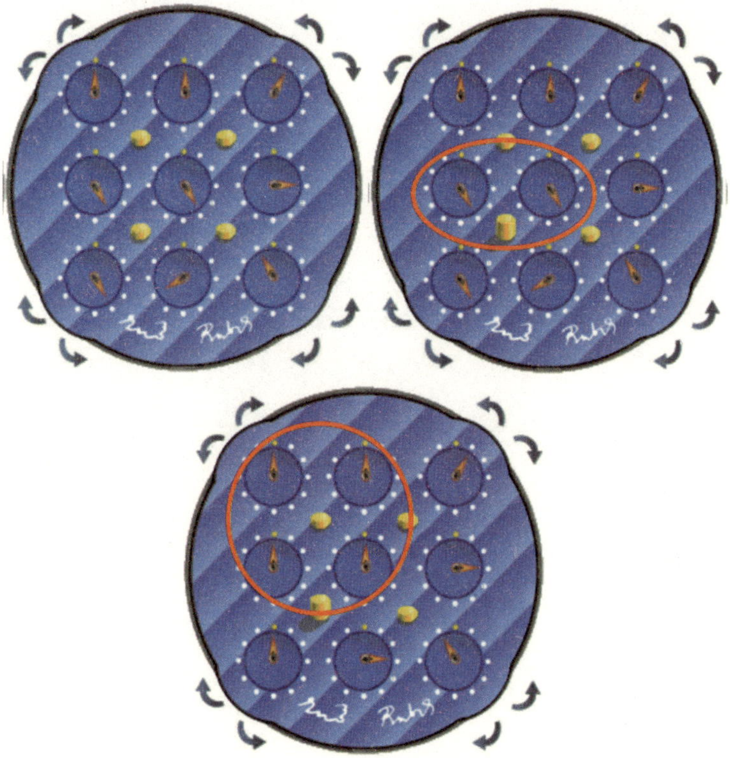

这个时候我们依旧要 2、4、5 三根指针一起运动，抬起 UL 立柱，顺时针旋转 3 格。运气比较好，这时所有的指针都对齐了，我们可以全抬立柱让 2、4、5、6、8 指向 12 点。

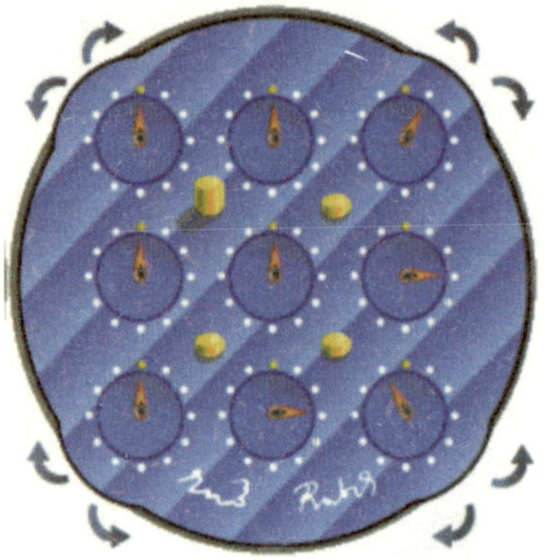

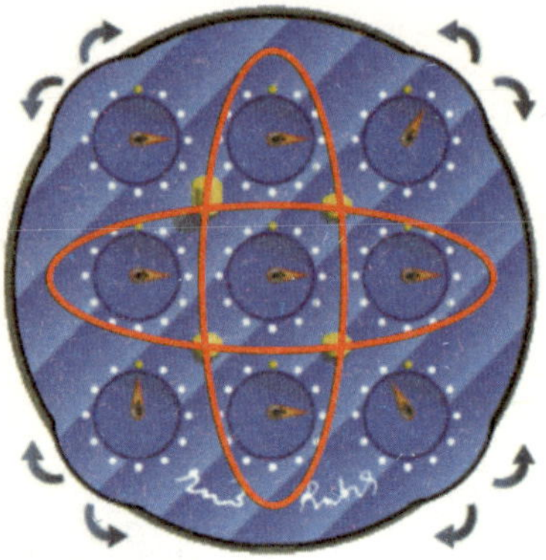

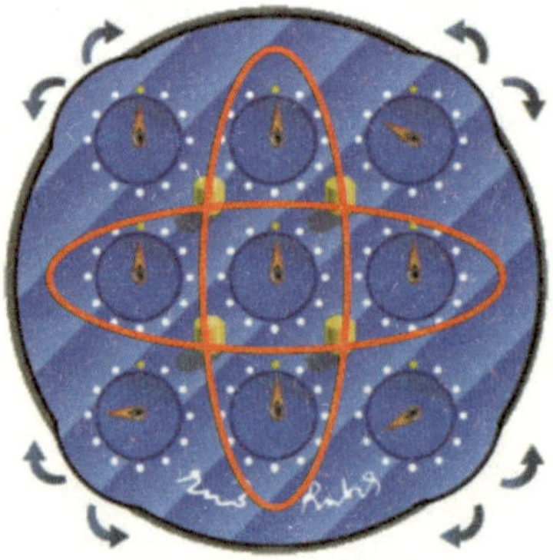

第六节　魔表角块的复原

我们完成了第二面的十字之后，就可以复原角块了。如果你始终秉持着“转哪个拨盘抬哪根立柱”，原则上背面的十字是不会被破坏的。做角块的方法非常简单，甚至用一句话就可以说完：你想做哪个角块就把对应的立柱放下去，剩下的立柱抬起，转动剩下的拨盘。我们从 9 号指针做起，放下 DR 立柱，然后转动除了 DR 剩下的任意拨盘，我们一般选择 UL。

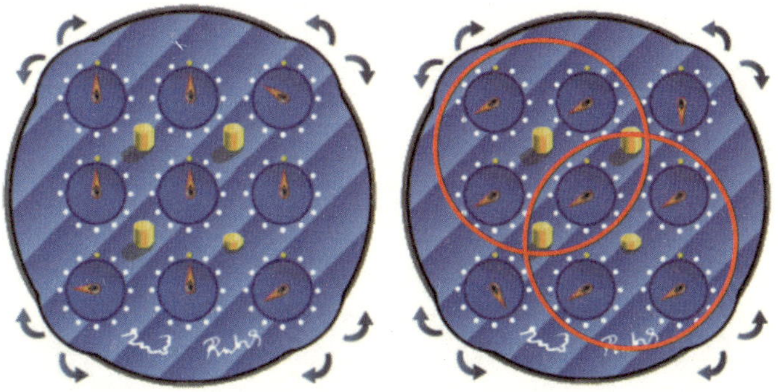

此时 9 号指针已经和中心对齐，我们可以抬起 DR 立柱，放下 DL 立柱，逆时针旋转 3 格让中心对齐 7 号指针。

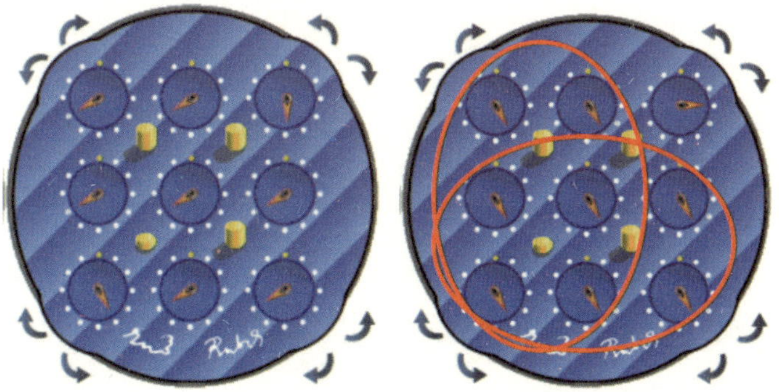

同理，我们可以放下 UR 立柱，逆时针旋转两格完成 3 号指针。

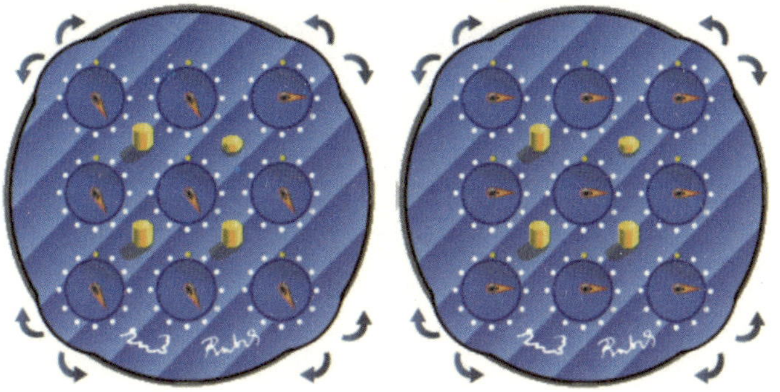

这时，我们发现 1 号指针不需要再进行任何操作，因为已经对齐了，且所有的指针都已经对齐了，只不过没有指向 12 点。我们只需要把立柱全抬，然后逆时针旋转 3 格，指向 12 点即可。

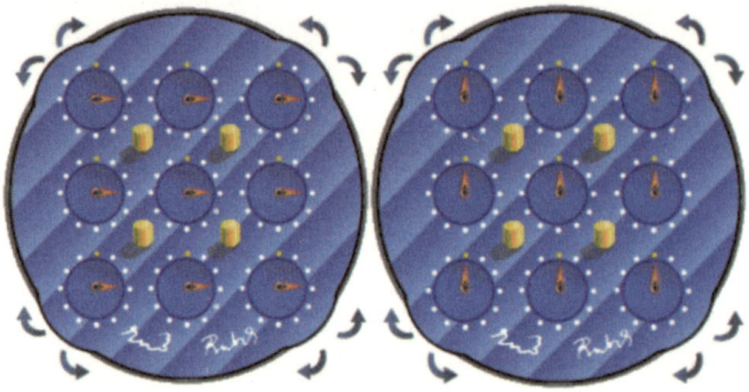

第七节　魔表的两个小技巧

现在，你已经完全学会了魔表的复原。我们可以尝试一下把 12 点放在别的位置，如下图，来复原一面的中心十字。

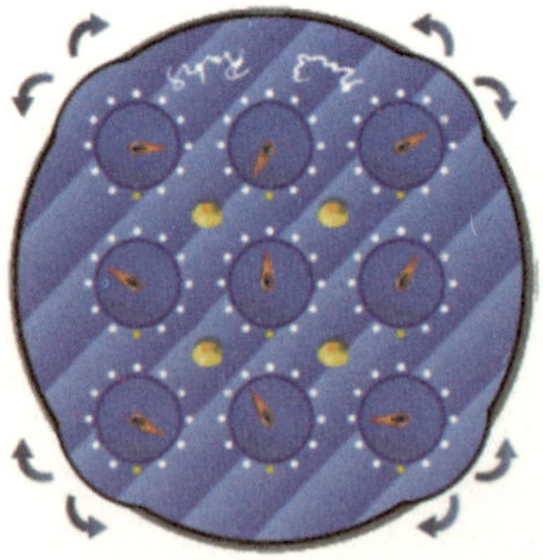

我们一样抬起下面的立柱，这一次我们选择 DR 立柱。让 DR 抬起，逆时针旋转 5 格，2 号指针和 5 号指针对齐。

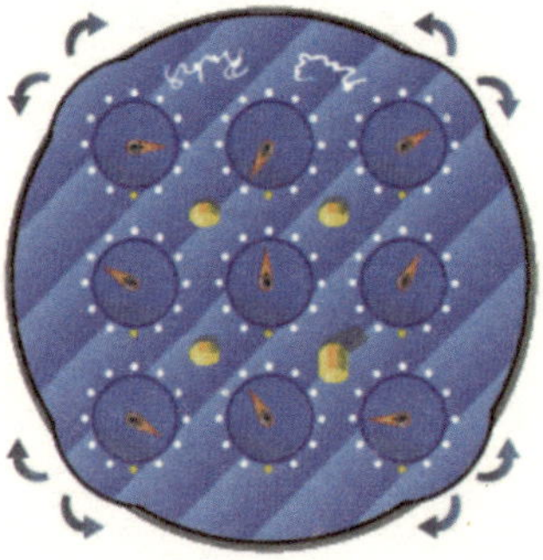

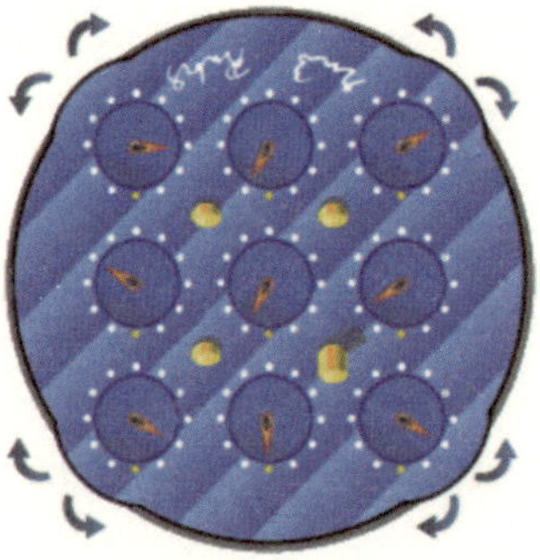

然后我们可以抬起 UR 立柱，顺时针旋转 3 格，让 2、5 号指针和 4 号指针对齐。

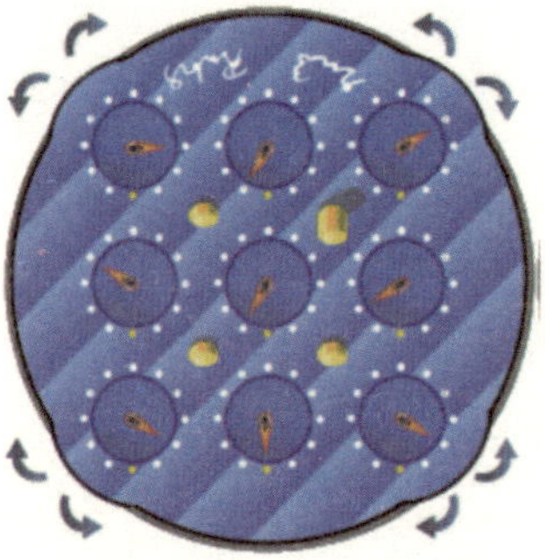

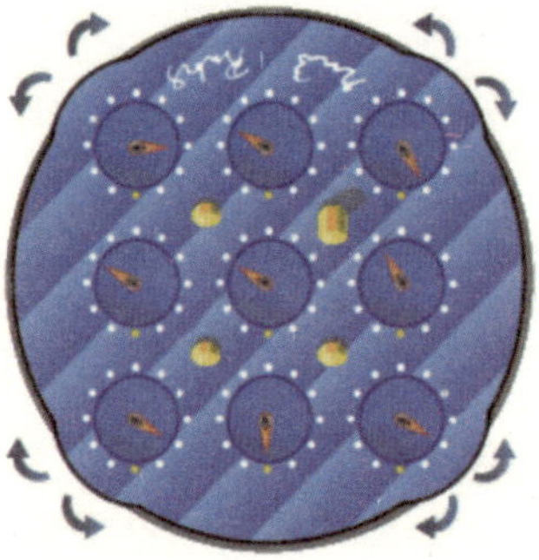

接着我们抬起 UL 立柱，逆时针旋转 1 格，让 2、4、5 号指针和 6 号指针对齐。

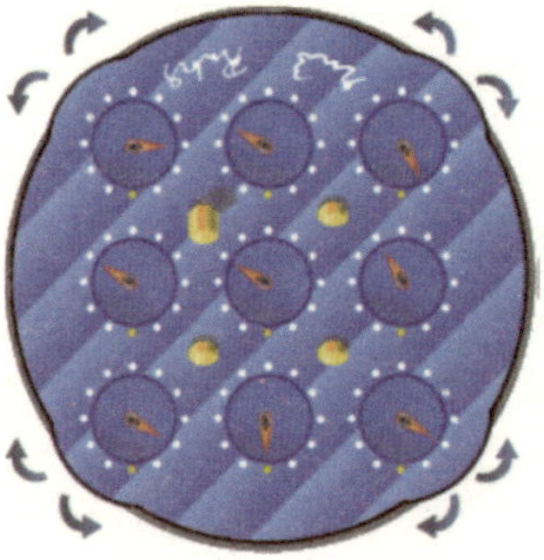

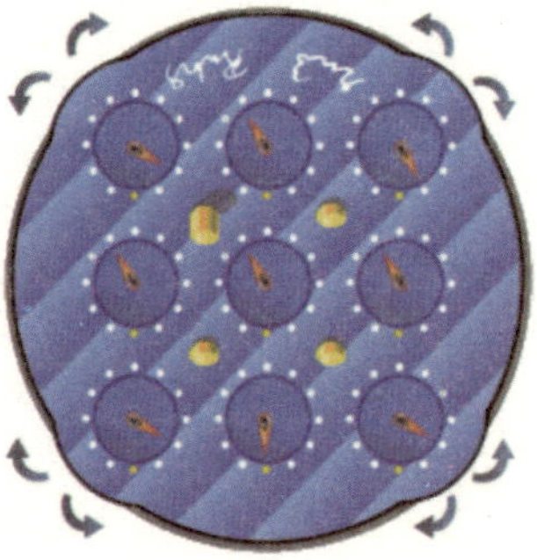

最后，为了让 2、4、5、6 号指针一起转动，我们要同时抬起上面的立柱，逆时针旋转 5 格，和 8 号指针对齐。我们运气非常好，所有的指针都指向了 12 点。值得注意的是，由于我们把 12 点方向放在了下面，所以我们要控制所有指针都指向下方。切记我们始终要指向 12 点（图中黄色点所在的位置）而不能指向 6 点或者其他地方。至于 12 点在什么位置，这个不固定，可以朝上或朝下，也可以朝左或朝右。

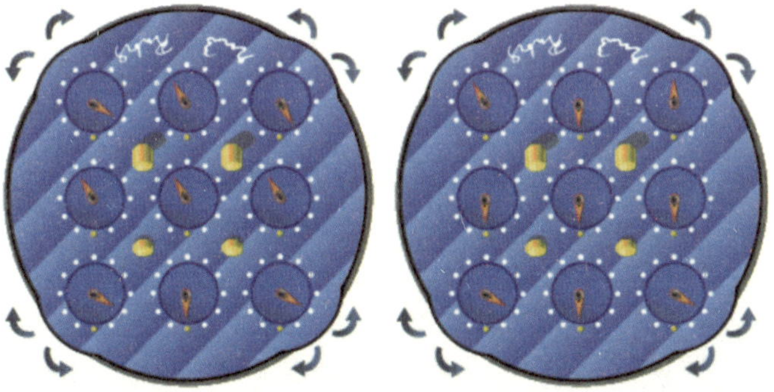

那我们把 12 点放在下面有什么好处呢？有利于我们更快地翻面。我们看下图所示的两种翻面方式，红色标示的我们称之为 y2 翻面，蓝色标示的我们称之为 x2 翻面。我们想象或者实际体验一下就会发现，y2 翻面的时候，手会完全离开魔表，而 x2 的时候则不会。这样的细节对于魔表速拧来说非常重要。如果我们一开始把指针朝下，x2 翻面之后，第二面的指针 12 点就会朝上了。

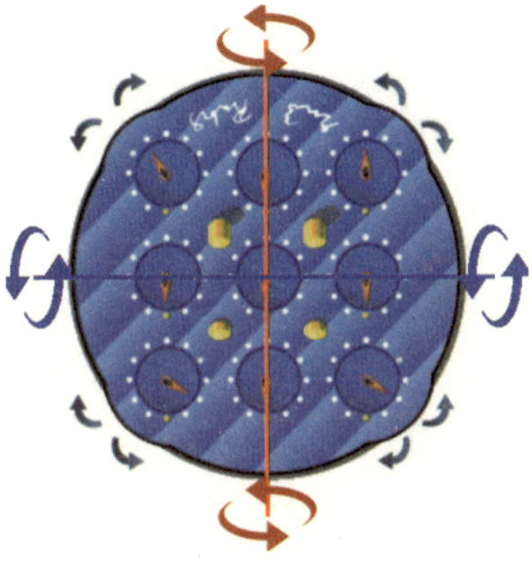

还有一个细节值得注意，就是我们在做第一面的十字指针时毫无疑问要对齐指向 12 点，但是第二面的十字指针不用对齐 12 点。原因是什么？

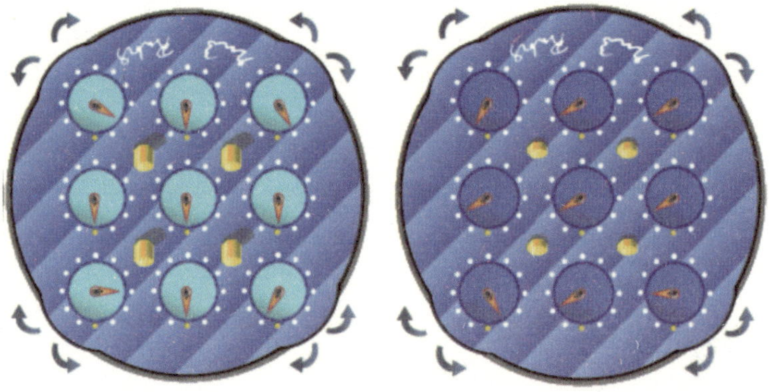

原因在于我们接下来要做的那一步就是对齐角块。我们完全可以在原有中心都对齐但不指向 12 点的基础上进行下一步。比如，我们可以抬起除了 DR 的所有立柱，直接让中心对齐 9 号指针，并按照原来的方法复原剩下的指针。

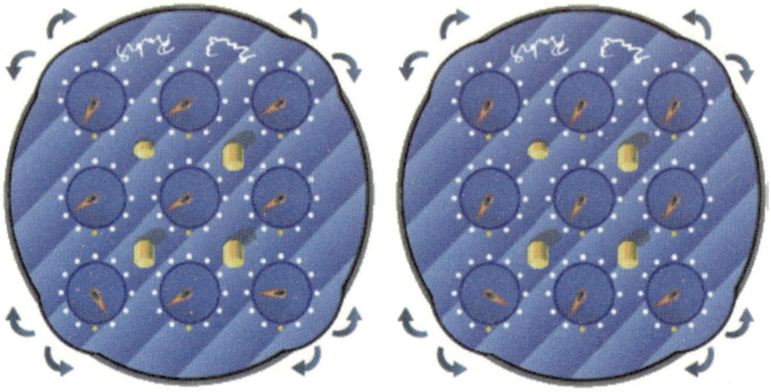

关于魔表的知识我们就说到这里，掌握了这些方法后，只要勤加练习，想要进入一般比赛的及格线 20 秒是一件很轻松的事情。如果你练习得比较多，15 秒甚至 10 秒以内都有很大的可能。自己尝试一下吧！

第十章

15P 教程

第一节　15P 的基础知识

15P 即 15 puzzle，意思是 15 滑块，也有人称作“数字华容道”，是一种和魔方有些类似的玩具，总共由 15 个块以及 1 个空槽组成。15 滑块的复原目标是把数字顺序被打乱的滑块重新排序，或者重新拼成特定的图案。15P 比魔表更接近平面的魔方，有人把类似 15P 的滑块玩具视作魔方的前身。尽管 15P 并不是官方的比赛项目，但是学习 15P 并不困难又充满乐趣，所以我们打算一并在这里介绍 15P 的复原。

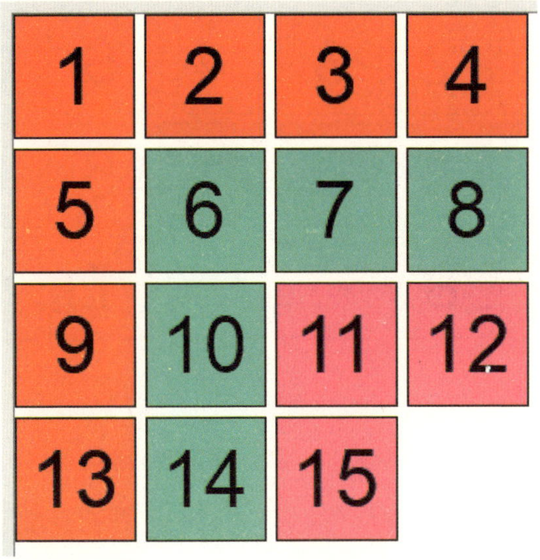

第二节　8P 的教程

15P 相当于一个二维的四阶魔方，我们要学习 15P，可以先从 8P 学起，相当于三阶魔方。我们先来打乱它：

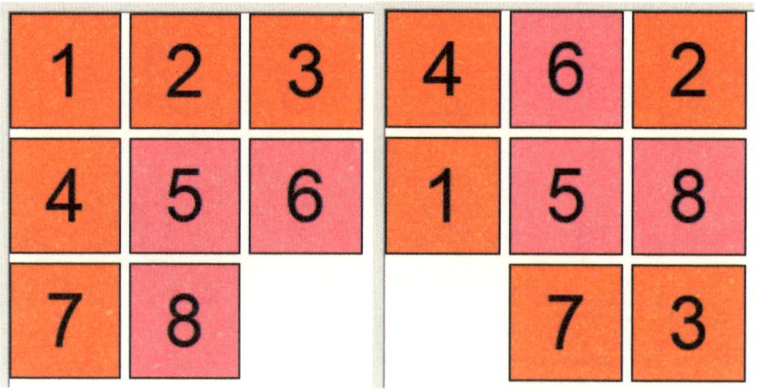

我们在复原 8P 的时候可以选择层先法或者降阶法。这里主要用降阶法。我们先复原最外面红色的这一层。首先可以归位 1，但是接下来我们不能直接归位 2，因为这样是没有办法归位 3 的。我们要把 3 放在 2 的位置，形成一种故意做错的状态。

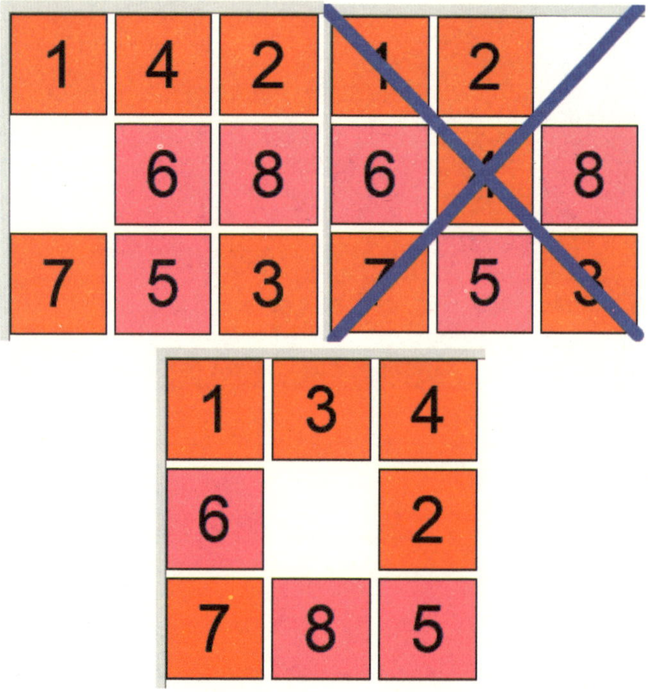

然后我们可以把 2 放在 3 的下面，4 往下让开空位，3 右移，2 上移。

任何时候我们都可以用倒数第二位错位的这种方法来解决一整排或者一整列的数字。只有一种情况可能稍微难一些，碰到 3 和 2 正好在下图的位置我们应该怎么办呢？可以想办法打开 3 和 2 的连接，摆成下面这个样子。然后让 2 和 3 在一个 2×3 的格子的对角。

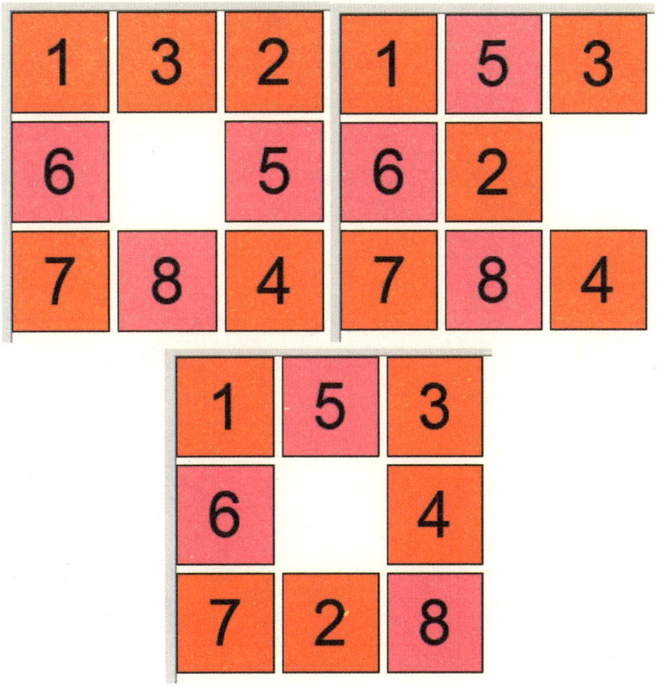

接下来我们就可以按照我们的错位方法把 3 放到最开始 2 的位置。

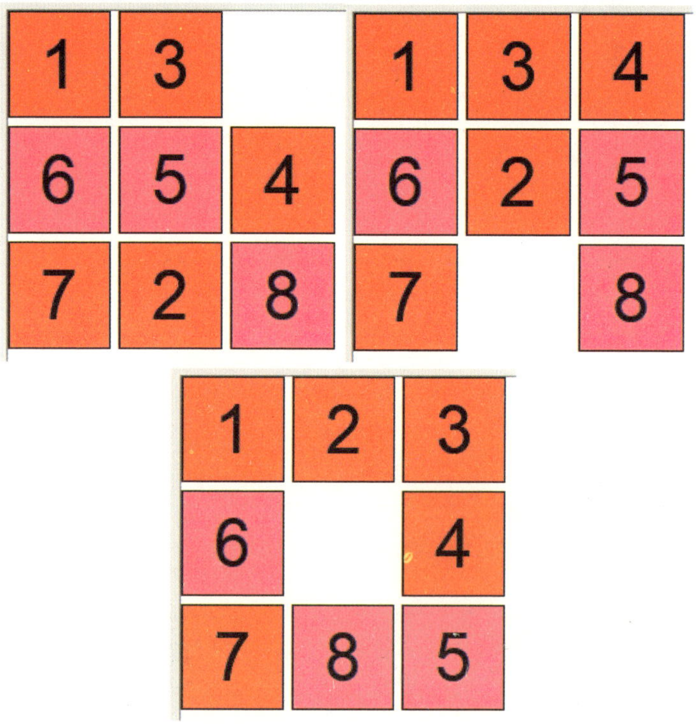

之后我们要复原左侧的 7 和 4。根据错位的方法，我们知道要先把 7 移到 4 的位置，并让 4 紧紧跟在 7 的后面。

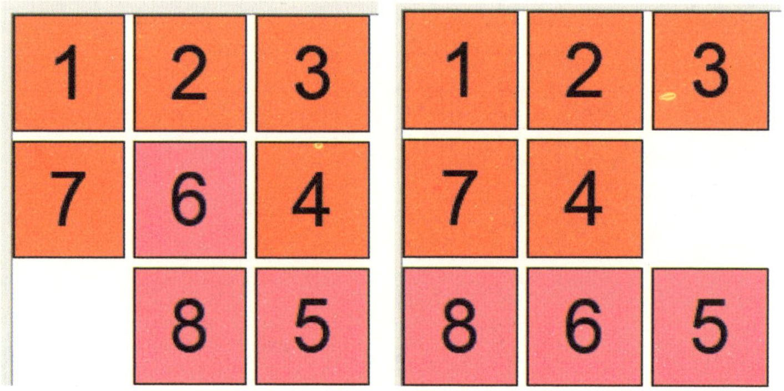

随后 5、6、8 依次让开，让 7 下移，4 归位。

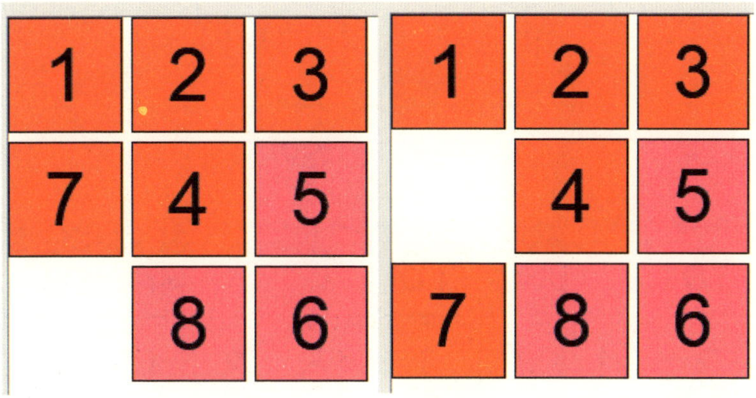

此时 8P 的外层就已经全部完成了，最后的 5、8、6 是一个二阶的 3P，就和金字塔的小角一样，非常简单了。

第三节　15P 的教程

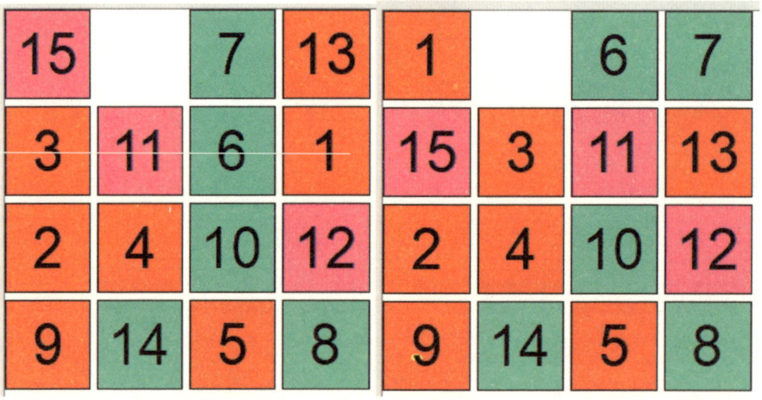

有了 8P 的基础后再学习 15P 就非常容易了。首先归位上面的 1 和 2。

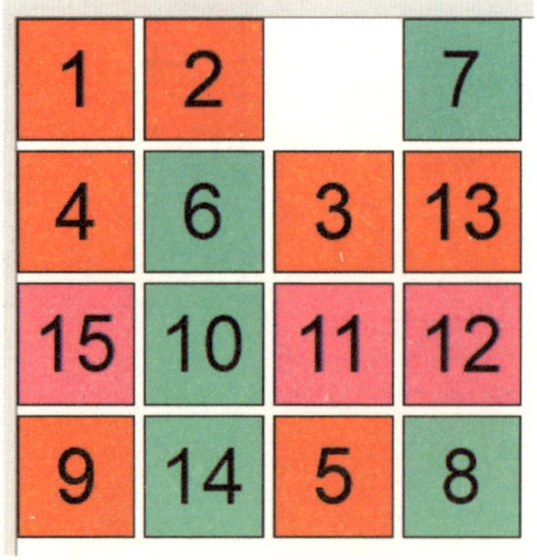

然后我们要把 4 放在 3 的位置，形成错位的放置。4 要紧跟着 3，4 右移，3 上移。

然后我们归位竖排的最外层，先归位 5。

最后，同理，13 占用 9 的位置，错位放置，并且 9 紧跟 13，随后归位。

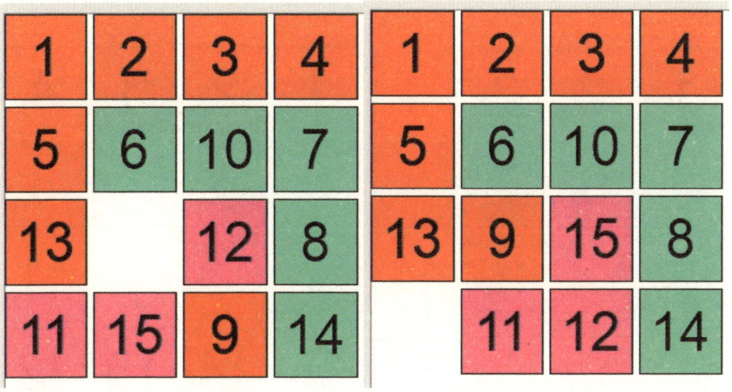

很明显，四阶的 15P 外层复原后就被降为了三阶的 8P。

我们再来演示一下内层的复原方法。

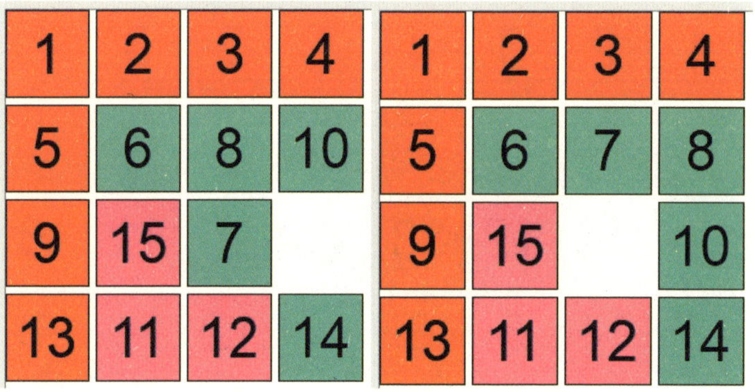

6 已经归位，8 紧跟在占位 7 的下面。随后 7、8 归位，接下来 14 占位，10 跟着 14。

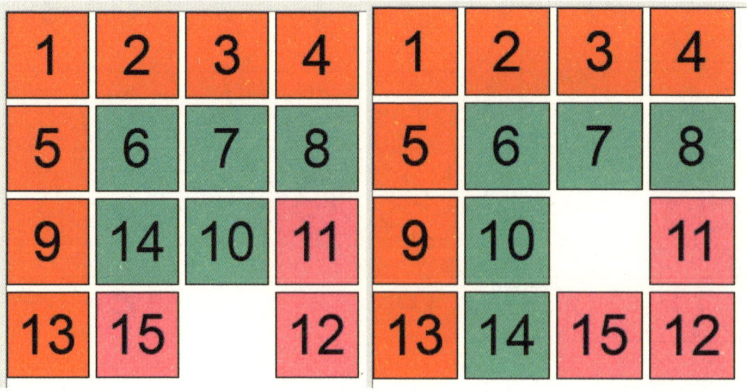

这个时候是不是就降阶成了二阶呢？ 11、12 和 15 很好处理，换一下顺序即可。学会了降阶法之后，无论是 3P、8P、15P 还是 24P、35P、48P 都不在话下，只不过所用时间有差别。

又学会了一种游戏，是不是感觉很开心呢？希望你喜欢！

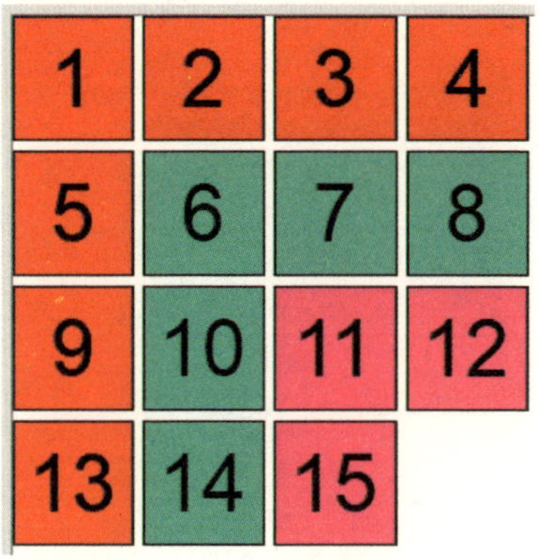

第十一章

SQ1 魔方入门教程

第一节　SQ1 魔方的基础知识

SQ1 魔方也是 WCA 18 个比赛项目之一。在 WCA 18 个项目中，SQ1 确实是一个非常奇怪的项目，因为它的样子十分不规则。SQ1 魔方总共会产生 170 × 2 × 8！ × 8！ =552,738,816,000 种情况，我们还是按照惯例，先来看一下 SQ1 的世界纪录。

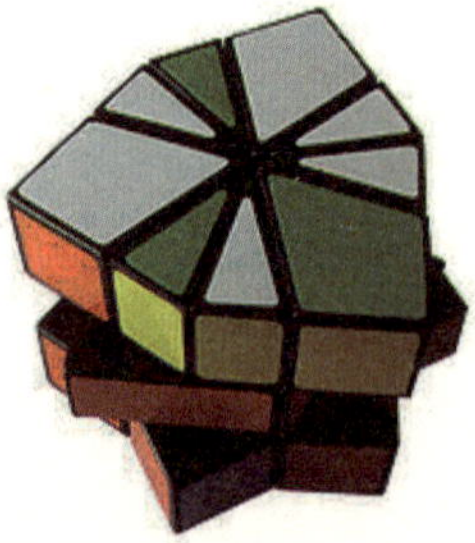

SQ1 单次成绩世界纪录 TOP 10					
名次	姓名	国家	成绩（秒）	比赛	日期
1	Martin Vædele Egdal	丹麦	4.59	Danish Championship 2020	2020-09-04
2	Jackey Zheng	美国	4.95	Brooklyn 2019	2019-05-25
3	Tijmen van der Ree	荷兰	4.98	Mental Breakdown Capelle 2019	2019-05-03
4	Vicenzo Guerino Cecchini	巴西	5.00	Schoolmark Open 2018	2018-10-20
5	Benjamin Gottschalk	美国	5.11	Washington Championship 2020	2020-01-24
6	Thibaud Ou	法国	5.17	Chelles Open 2019	2019-03-09
7	Rasmus Stub Detlefsen	丹麦	5.20	Gislev Side Events 2019	2019-01-27
8	Eva Kato	美国	5.26	Warm Up Sydney 2019	2019-07-06
9	Michał Krasowski	波兰	5.30	LLS V Final 2019	2019-11-16
10	Aiden Bartlett	美国	5.37	Portland in a Pyra Tree 2019	2019-12-28

续表

SQ1 平均成绩世界纪录 TOP 10					
名次	姓名	国家	成绩（秒）	比赛	日期
1	Vicenzo Guerino Cecchini	巴西	6.54	Bernô Feet Friendship 2019	2019-12-14
2	Rasmus Stub Detlefsen	丹麦	6.67	Greve Gymnasium 2020	2020-02-29
3	Michał Krasowski	波兰	6.74	Dragon Cubing 2020	2020-09-12
4	Makoto Takaoka（高冈诚）	日本	7.09	Kyoto Open 2019	2019-10-20
5	Aiden Bartlett	美国	7.10	Washington Championship 2020	2020-01-24
6	Benjamin Gottschalk	美国	7.20	Oregon State Leap Day 2020	2020-02-29
7	Helmer Ewert	瑞典	7.21	Greve Gymnasium 2020	2020-02-29
8	Anuar Miguel Abib Onofre	美国	7.29	Forgotten O'Clocks SBC 2019	2019-06-16
9	Calix Tang	美国	7.34	Bay Area Speedcubin' 22 2019	2019-12-21
10	Max Siauw	美国	7.37	UBC Open 2020	2020-01-04

SQ1 的复原是比较机械的，主要是公式复原。有极少一部分 SQ1 公式和普通的正阶魔方公式相似，剩下的公式都需要另学。SQ1 的公式转动比常规魔方多一些，因为 SQ1 魔方有 30 度、60 度的块。学习 SQ1 魔方首先要学会怎么拿这种魔方。SQ1 魔方右侧中层有一条小的竖线，在复原的过程中，一定要把这条竖线放在左前方，不然魔方是无法转动的。摆好位置之后，捏住右边的一层可以进行上下 180 度的转动，这种转动我们写作“/”。然后我们把 30 度的转动记作 1，那么 60 度转动就是 2，90 度转动就是 3。如果是逆时针则 30 度转动是 -1，以此类推。

我们来看一个实例，/ 表示右边一整层转动 180 度，/（–2, –4）表示的是先转动 180 度，随后上面逆时针转动 60 度，下面逆时针转动 120 度。（3, –3）/ 表示上面顺时针转动 90 度，下面逆时针转动 90 度，颇有一种 U 和 D 的感觉。无论是上层还是下层，看顺时针还是逆时针转动都必须把你要转动的一面朝向自己。

SQ1 复原步骤一览					
第一步	第二步	第三步	第四步	第五步	第六步

复形	角块 OLL	棱块 OLL	角块 PLL	棱块 PLL	中层扰动

第二节　第一步：复形

拿到一个打乱的 SQ1 魔方首先不要慌，我们第一步的目标是复形，也就是把不规则的形状全部变成方形。我们要做的是先在底下拼成一个六星的形状。这个就类似于三阶的十字部分，是完全可以自己研究出来的。六星是由六块 60 度的大块构成的，大致的思路是先拼好两个或者三个块，随后组合到一起。

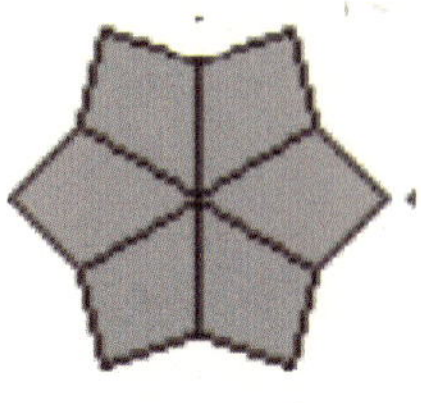

底下拼成六星之后，顶上会出现五种情况，分别是 08，17，26，35 和

44。这是什么意思呢？

08	/（–2,–4）/（–1,–2）/（–3,–3）/	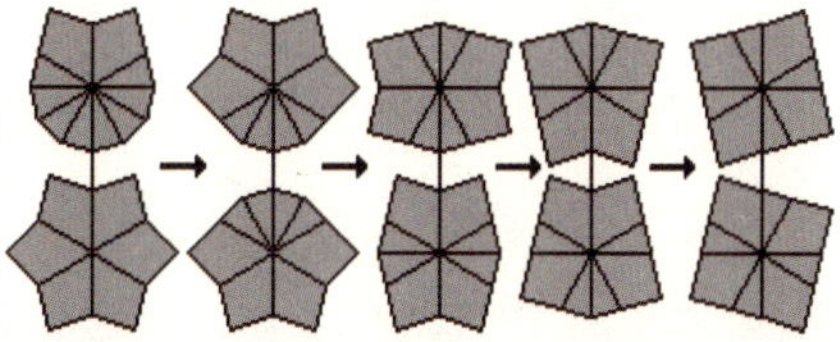
17	/（2,–2）/（–3,–4）/（4,–3）/（–5,–4）/（6,–3）/	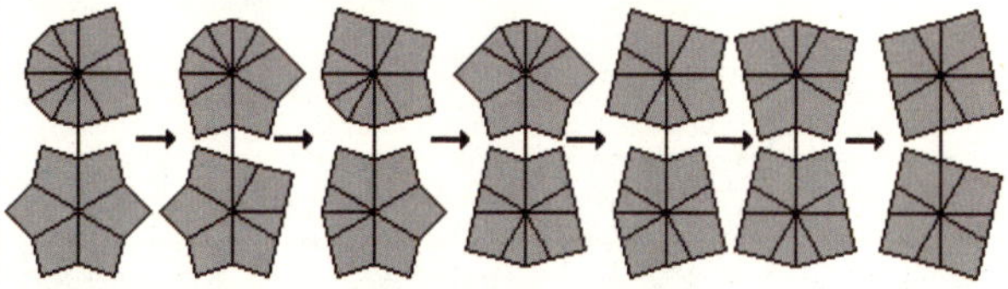
26	/（–4,–2）/（–1,4）/（–3,0）/	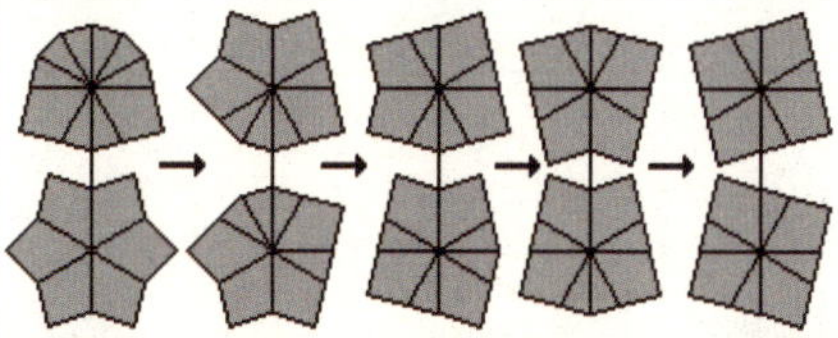
35	/（–4,0）/（5,4）/（2,–3）/（–5,–4）/（6,–3）/	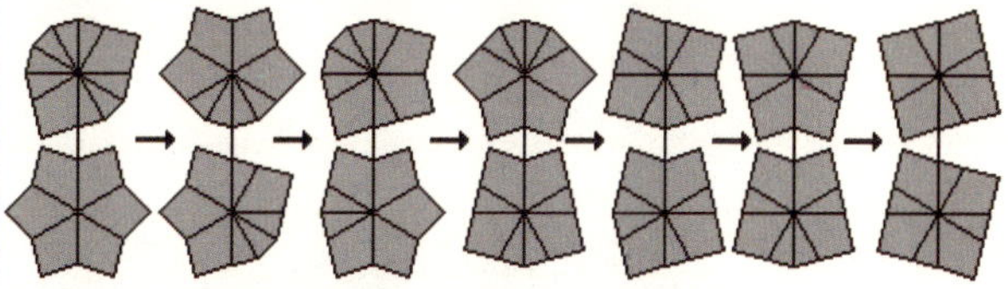
44	/（2,2）/（0,–1）/（3,3）/	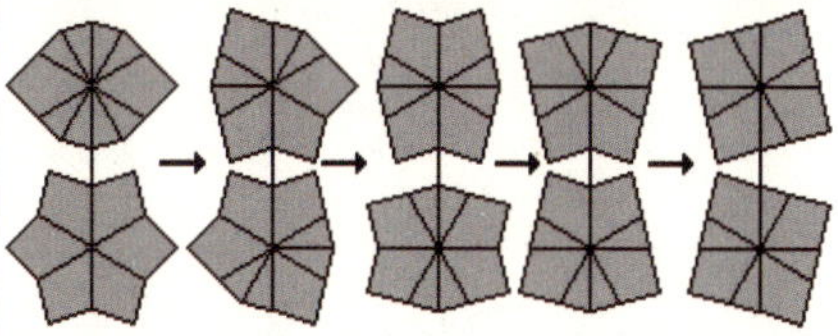

由于一共有 8 个大块，底下占了 6 块，所以顶上还会有 2 块。这 2 个大块把 8 个小块分成了两个部分，就会有不同的组合。比如，一边是 1 块一边是 7 块，那么就是 17 的情况。如果一边是 2 块一边是 6 块，那就是 26 的情况。偶数块的情况会简单一些，奇数组合通常比较难，步骤也是比较长的。这是基础复形的步骤，当然也有不做六星直接复形的高级复形办法。

第三节　第二步：角块 OLL

第二步是角块 OLL。角块 OLL 这一部分和二阶的色先公式比较像，你也可以把这些公式换成 R2 U 的形式去记。红色和绿色只是两种不同颜色的代表。

角块 OLL				
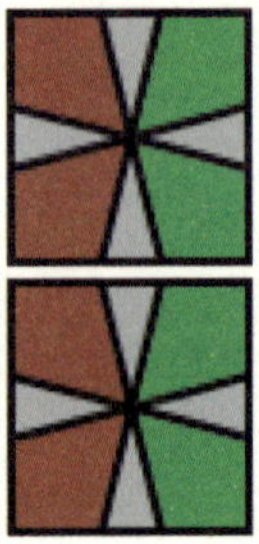	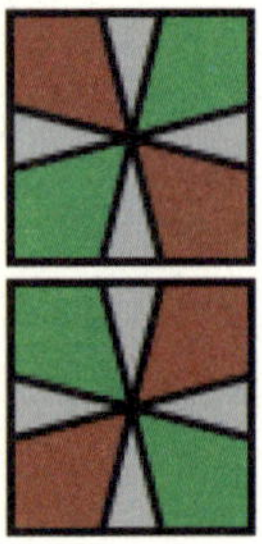	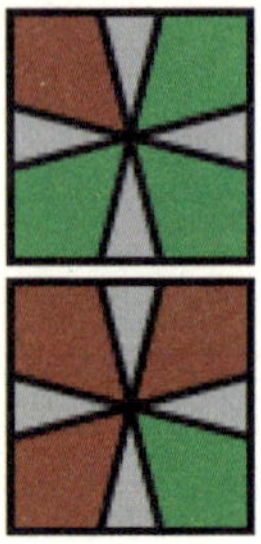	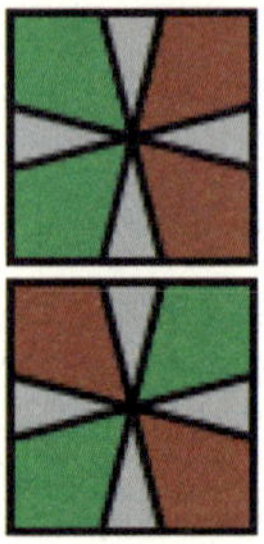	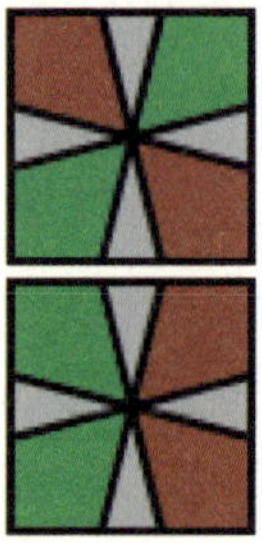
（1,0）/（-1,0）	（1,0）/（3,3）/（-1,0）	（1,0）/（3,0）/（-1,0）	（1,0）/（0,3）/（0,3）/（-1,0）	（1,0）/（3,0）/（3,0）/（-1,0）

角块 OLL 之后是棱块 OLL，做完这一部分后，上下的面就会呈现同一种颜色了。

第四节　第三步：棱块 OLL

棱块 OLL			

续表

棱块 OLL			
(0,–1)/(–3,0)/(4,1)/(–4,–1)/(3,0)/(0,–1)	(1,0)/(–3,0)/(–1,–1)/(4,1)/(–1,0)	(0,–1)/(1,1)/(–1,0)	(0,–1)/(1,4)/(–1,–4)/(–3,0)/(4,1)/(–1,0)
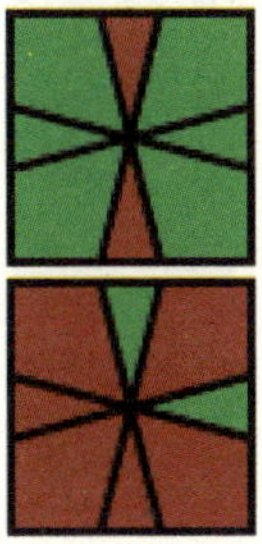	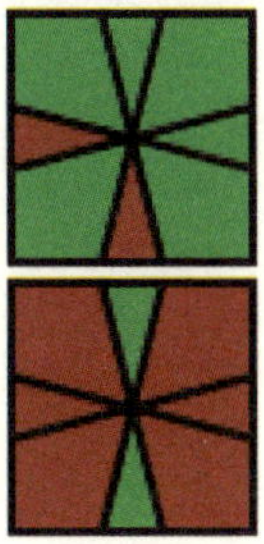	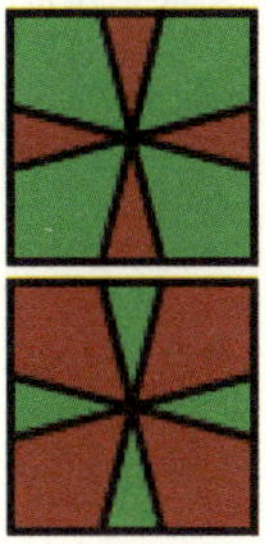	
(0,–1)/(3,0)/(–3,0)/(1,–2)/(0,3)/(–1,0)	(0,–1)/(3,0)/(0,–3)/(1,–2)/(3,0)/(–1,0)	(0,–1)/(1,1)/(3,3)/(–1,–1)/(0,1)	

调整完棱块和角块的色向之后，要交换角块和棱块的位置，角块的位置相对简单一些，这一部分的转动只有 R2 和 UD。

第五节　第四步：角块 PLL

角块 PLL			
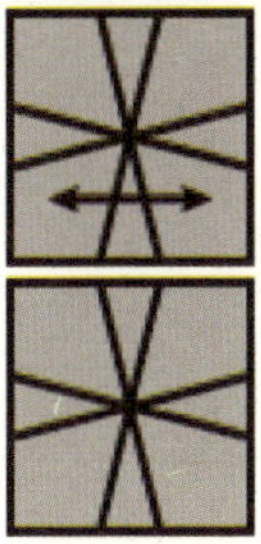	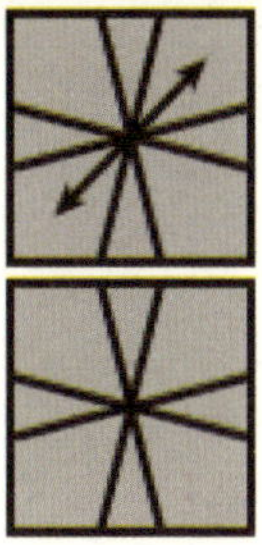	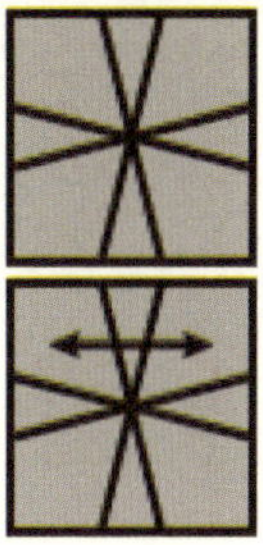	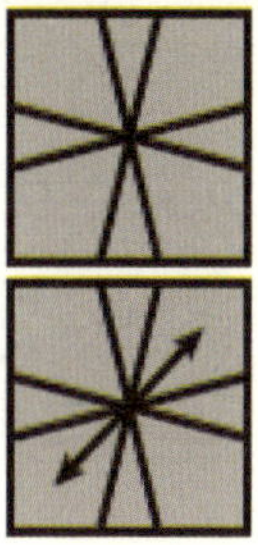

续表

角块 PLL			
/（3,−3）/（3,0）/（−3,0）/（0,3）/（−3,0）/	/（3,3）/（3,0）/（3,3）/（3,0）/（3,3）/	/（3,−3）/（0,3）/（−3,0）/（3,0）/（−3,0）/	/（3,3）/（0,3）/（3,3）/（0,3）/（3,3）/
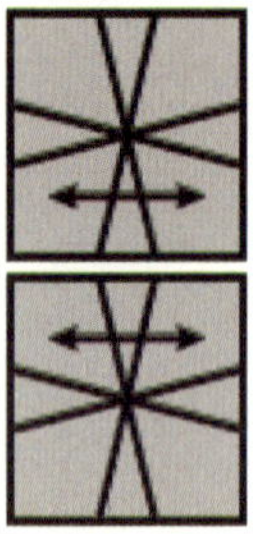	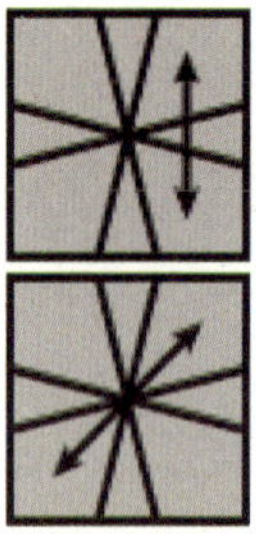	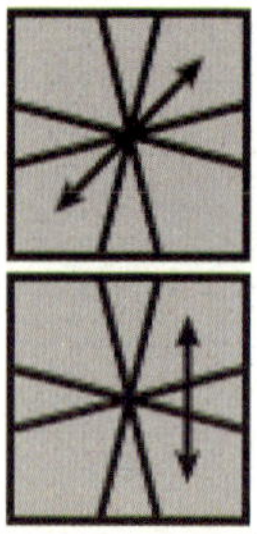	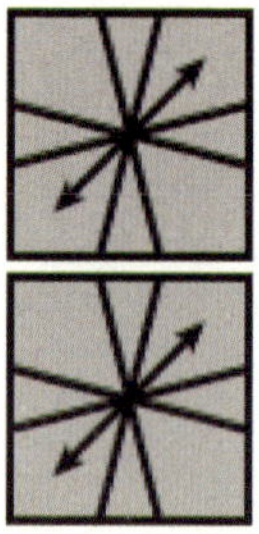
/（−3,0）/（3,3）/（0,−3）/	/（0,3）/（0,−3）/（0,3）/（0,−3）/	/（3,0）/（−3,0）/（3,0）/（−3,0）/	/（3,−3）/（3,−3）/

第六节　第五步：棱块 PLL

棱块 PLL 是倒数第二步也是 SQ1 中最难的一个步骤，而且公式非常难背。下表中的第一、第二条公式是必背的。

棱块 PLL	
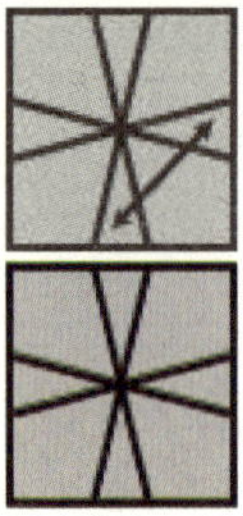	（UR UF） /（−3,0）/（0,3）/（0,−3）/（0,3）/（2,0）/（0,2）/（−2,0）/（4,0）/（0,−2）/（0,2）/（−1,4）/（0,−3）/（0,3）

续表

棱块 PLL	
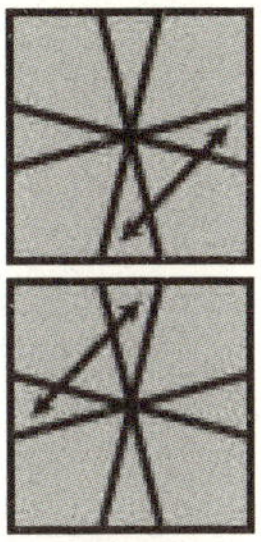	（UR UF）（DL DF） （1,0）/（0,3）/（−1,−1）/（1,−2）/（−1,0）
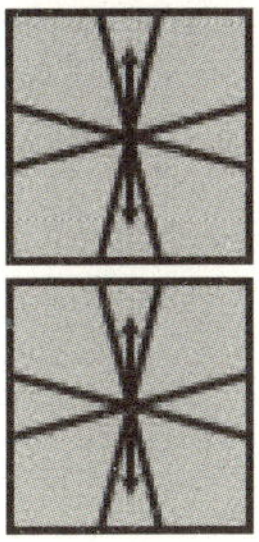	（UF UB）（DF DB）（1,0）/（5,−1）/（−5,1）/（5,0）

第七节　第六步：中层扰动

做完棱块 PLL 之后，如果中间还没复原，要做最后一步修复中层扰动。

（1,0）/（6,6）/（−1,0）	/（6,0）/（6,0）/（6,0）	/（6,0）/（0,6）/（−1,−5）

背完这些公式就足以复原 SQ1 魔方了，下面是剩余棱块的公式。括号

里面的字母表示哪些棱块需要做交换。

第八节　更多的 SQ1 公式

U 层一组棱块交换		
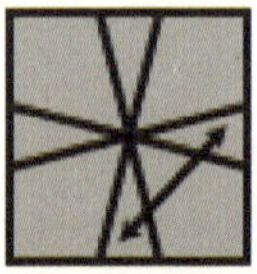		（UR UF） /（−3,0）/（0,3）/（0,−3）/（0,3）/（2,0）/（0,2）/（−2,0） /（4,0）/（0,−2）/（0,2）/（−1,4）/（0,−3）/（0,3）
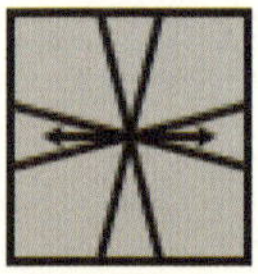	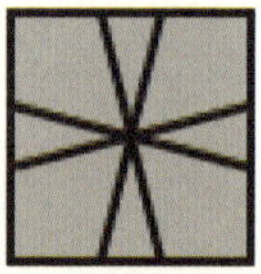	（UR UL） /（3,3）/（−1,0）/（2,−4）/（4,−2）/（0,−2）/（−4,2）/（1,−5） /（3,0）/（3,3）/（3,0）
U 层两组棱块交换		
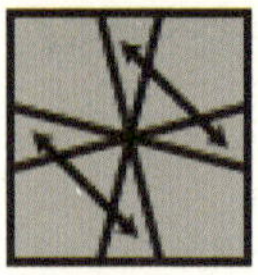	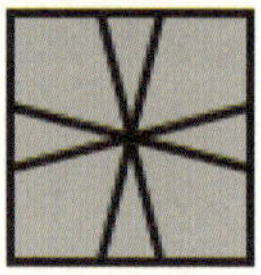	（UR UB）（UL UF） /（3,3）/（0,3）/（1,1）/（−1,−4）/（−3,−3）/
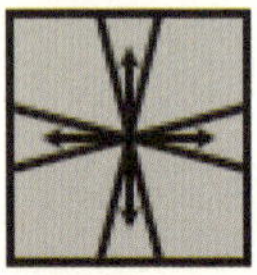	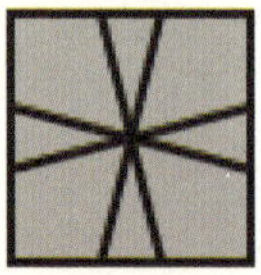	（UR UL）（UF UB） /（3,−3）/（3,−3）/（0,1）/（−3,3）/（−3,3）/（−1,0）
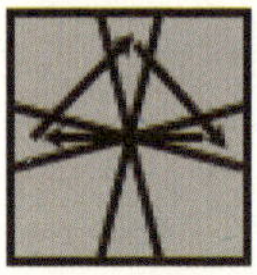	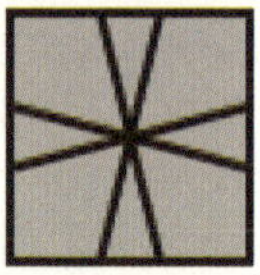	（UR UL UB） /（3,0）/（1,0）/（0,−3）/（−1,0）/（−3,0）/（1,0）/（0,3） /（−1,0）
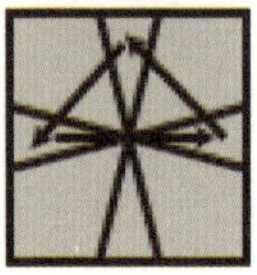	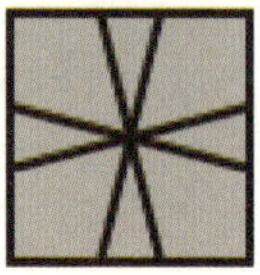	（UR UB UL） （1,0）/（0,−3）/（−1,0）/（3,0）/（1,0）/（0,3）/（−1,0） /（−3,0）/

续表

U 层三组棱块交换		
	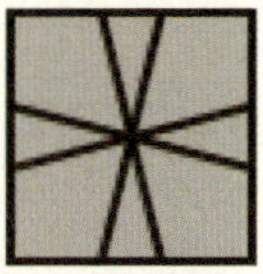	（UR UF UL UB） （1,0）/（2,2）/（0,−2）/（3,3）/（1,0）/（4,4）/（0,−2）/（2,2）/（0,−1）/（3,3）/
	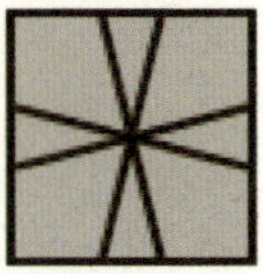	（UR UB UL UF） /（−3,−3）/（0,1）/（−2,−2）/（0,2）/（−4,−4）/（−1,0）/（−3,−3）/（0,2）/（−2,−2）/（−1,0）
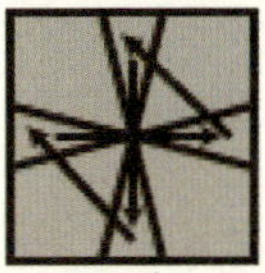	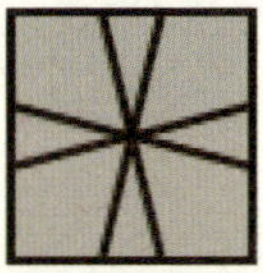	（UR UB UF UL） （0,−1）/（1,−2）/（−4,0）/（0,3）/（1,0）/（3,−2）/（−4,0）/（−4,0）/（−2,2）/（−1,0）/（0,−3）/（−3,0）
U 层一组棱块 D 层一组棱块交换		
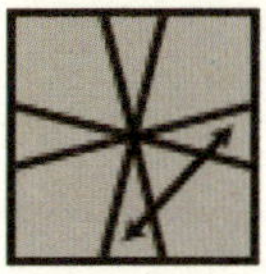	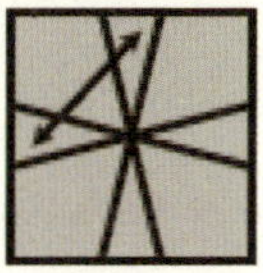	（UR UF）（DL DF） （1,0）/（0,3）/（−1,−1）/（1,−2）/（−1,0）
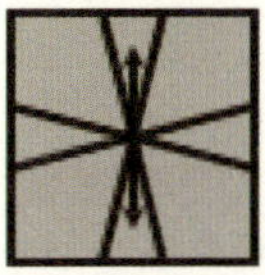	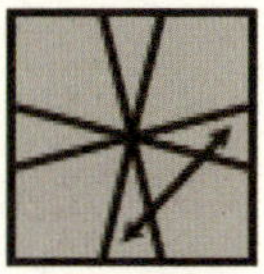	（UF UB）（DR DB） （1,0）/（0,−1）/（0,−3）/（5,0）/（−5,0）/（0,3）/（0,1）/（5,0）
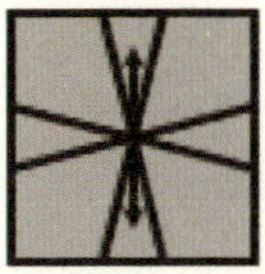	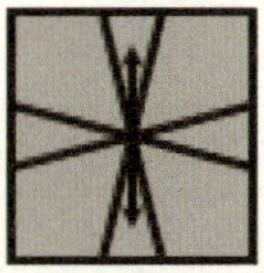	（UF UB）（DF DB） （1,0）/（5,−1）/（−5,1）/（5,0）
U 层两组棱块 D 层一组棱块交换		
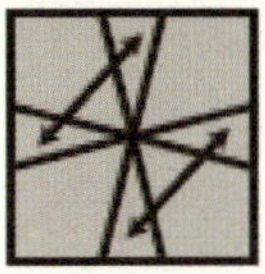	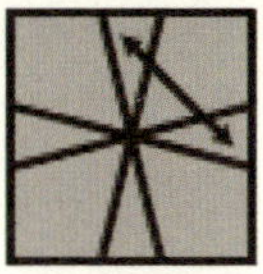	（UR UF）（UL UB）（DR DF） /（3,0）/（3,3）/（0,−3）/（4,−3）/（4,−2）/（2,−4）/（0,−4）/（3,0）/（−3,−3）/（−3,0）
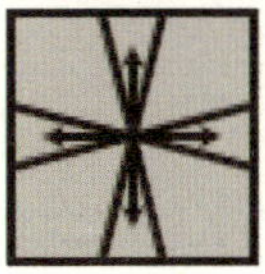	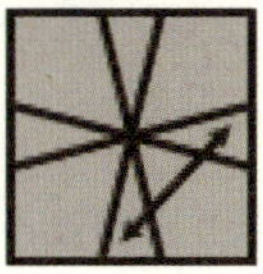	（UL UR）（UF UB）（DR DB） /（3,3）/（1,4）/（0,−4）/（4,−2）/（2,−4）/（0,−1）/（0,3）/（−3,−3）/（−3,0）/（0,−3）

续表

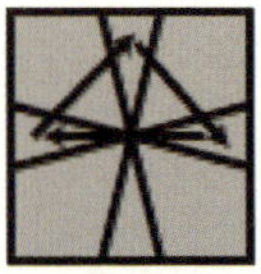	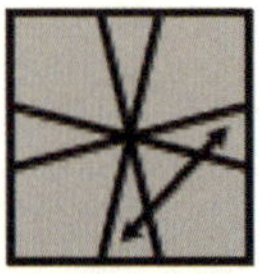	(UR UL UB) (DR DB) / (3,3) / (1,0) / (–2,0) / (–4,0) / (0,–4) / (0,–4) / (0,–2) / (0,5) / (3,3) / (0,–3)
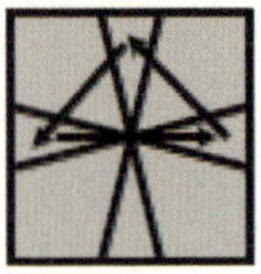	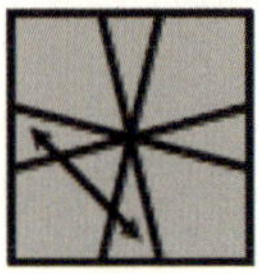	(UR UB UL) (DB DL) / (–3,–3) / (0,–5) / (0,2) / (0,4) / (0,4) / (4,0) / (2,0) / (–1,0) / (–3,–3) / (0,3)
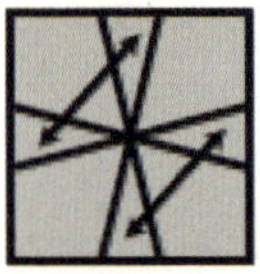	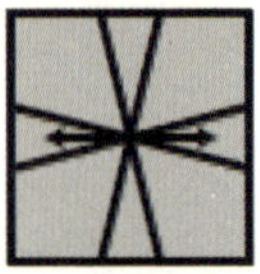	(UR UF) (UL UB) (DR DL) / (3,3) / (1,0) / (–2,4) / (2,–4) / (0,4) / (2,2) / (–3,0) / (–3,–3) / (–3,0)
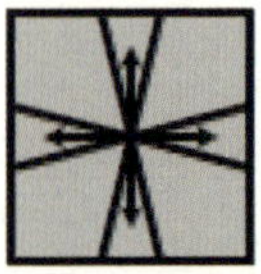	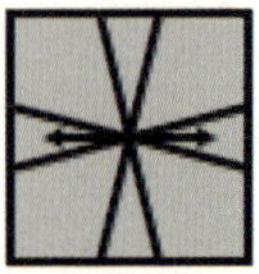	(UL UR) (UF UB) (DR DL) / (3,3) / (1,0) / (–2,4) / (2,–4) / (2,0) / (3,3) / (–3,0) / (3,3) / (3,0)
	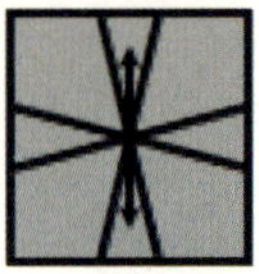	(UR UL UB) (DF DB) / (3,0) / (–3,0) / (3,0) / (0,3) / (1,0) / (0,2) / (4,0) / (0,–4) / (2,0) / (0,5) / (3,3) / (0,–3)
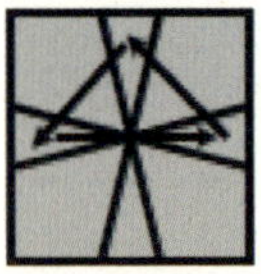	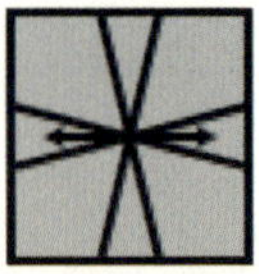	(UR UB UL) (DR DL) /(–3,–3)/(0,–5)/(–2,0)/(0,4)/(–4,0)/(0,–2)/(–1,0) / (0,–3) / (–3,0) / (3,0) / (–3,0) / (0,3)
U 层三组棱块 D 层一组棱块交换		
	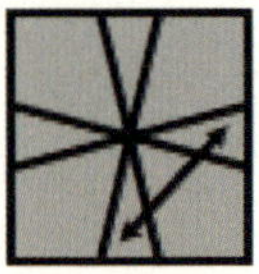	(UR UF UL UB) (DR DB) /(–3,0)/(–2,0)/(5,–1)/(–5,0)/(3,0)/(–3,0)/(0,1) / (–3,0) / (–3,0) / (–1,0)
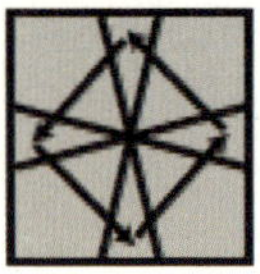	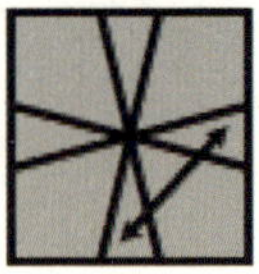	(UR UB UL UF) (DR DB) (1,0) / (3,0) / (3,0) / (0,–1) / (3,0) / (–3,0) / (5,0) / (–5,1) / (2,0) / (3,0)

续表

	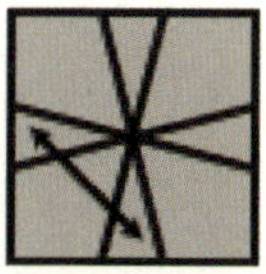	（UR UL UB UF）（DL DB） （1,0）/（0,3）/（5,5）/（3,0）/（–3,0）/（1,1）/（–3,0） /（–1,6）
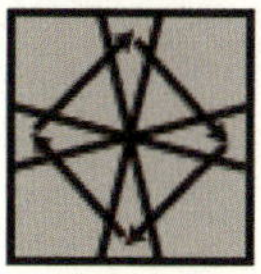	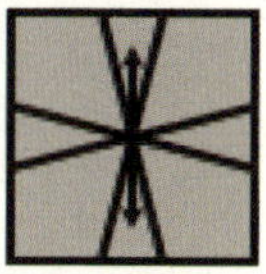	（UR UF UL UB）（DF DB） （0,–1）/（1,1）/（–3,0）/（–1,–1）/（–3,0）/（1,1）/（5,0）
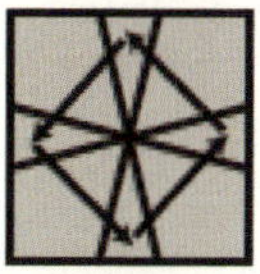	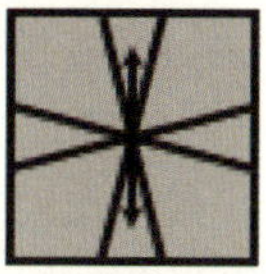	（UR UB UL UF）（DF DB） （0,–1）/（1,1）/（3,0）/（–1,–1）/（3,0）/（1,1）/（5,0）
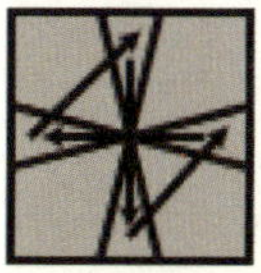	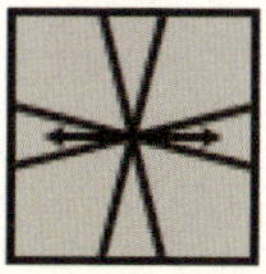	（UR UL UB UF）（DR DL） （1,0）/（0,3）/（–1,0）/（0,3）/（1,0）/（2,2）/（0,1）/（0,3） /（1,0）/（–3,0）/（–1,0）
U 层两组棱块 D 层两组棱块交换		
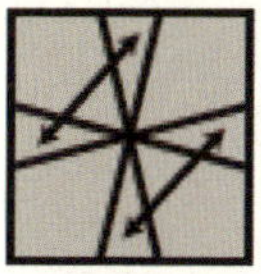	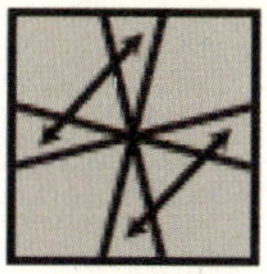	（UR UF）（UL UB）（DL DF）（DR DB） （1,0）/（0,3）/（–1,–1）/（4,–2）/（–1,–1）/（–2,1）/（–1,0）
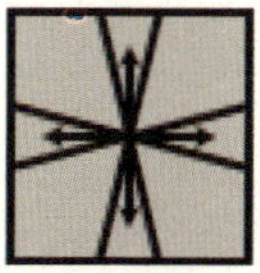	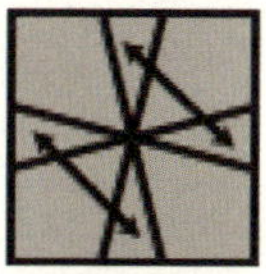	（UL UR）（UF UB）（DR DF）（DL DB） /（3,3）/（0,–3）/（1,–5）/（4,–2）/（–2,1）/（3,3）/
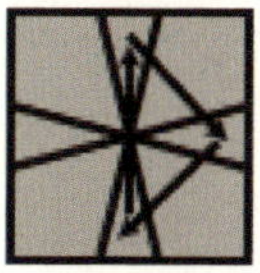	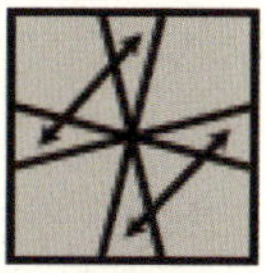	（UR UF UB）（DL DF）（DR DB） （1,0）/（0,3）/（–1,–1）/（1,–2）/（–3,0）/（3,0）/（–1,–1） /（–2,1）/（2,0）
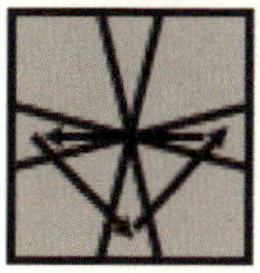	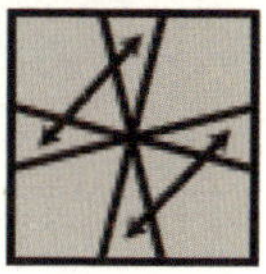	（UR UL UF）（DL DF）（DR DB） （1,0）/（0,3）/（–1,–1）/（1,–2）/（3,0）/（3,0）/（–1,–1） /（–2,1）/（–4,0）

续表

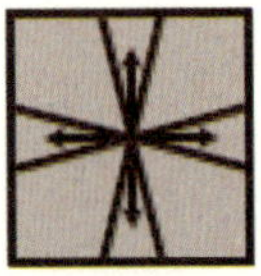	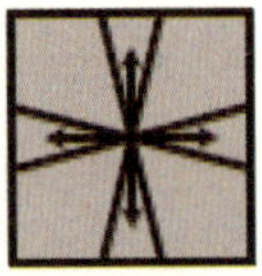	（UL UR）（UF UB）（DL DR）（DF DB） （1,0）/（5,–1）/（3,3）/（1,1）/（3,–3）/（5,0）
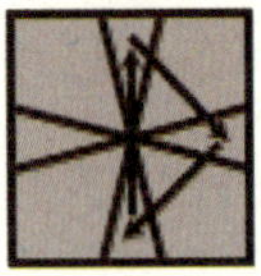	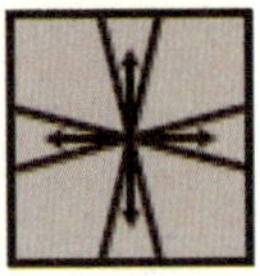	（UL UB UF）（DL DR）（DF DB） （1,0）/（–1,5）/（3,1）/（–3,0）/（0,5）/（0,–5）/（3,0）/（–5,0）/（0,–3）/（5,0）
	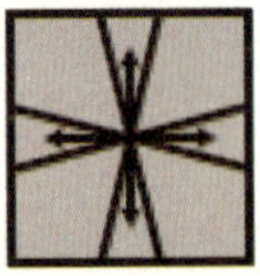	（UR UB UF）（DL DR）（DF DB） （1,0）/（0,3）/（5,0）/（–3,0）/（0,5）/（0,–5）/（3,0）/（–3,–1）/（1,–5）/（5,0）
	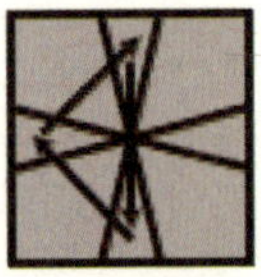	（UR UB UF）（DL DF DB） （1,0）/（5,–1）/（–5,1）/（–3,0）/（0,3）/（–1,–1）/（1,–2）/（–4,0）
		（UR UF UB）（DR DB DF） （1,0）/（5,–1）/（–3,0）/（1,1）/（–3,0）/（5,0）
	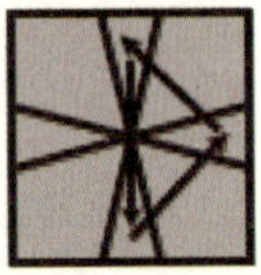	（UL UF UB）（DR DB DF） （1,0）/（3,0）/（–1,–1）/（3,0）/（–5,1）/（5,0）
U 层三组棱块 D 层两组棱块交换		
	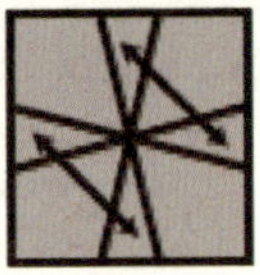	（UR UF UL UB）（DR DF）（DL DB） /（3,3）/（3,0）/（2,2）/（2,0）/（4,–2）/（2,–4）/（2,0）/（5,5）/（0,–3）/（–3,–3）/（0,3）
	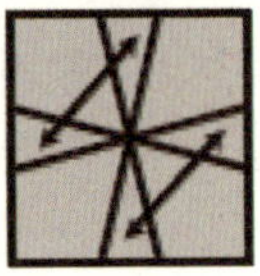	（UR UB UL UF）（DR DF）（DL DB） /（3,3）/（0,3）/（–5,–5）/（–2,0）/（–2,4）/（–4,2）/（–2,0）/（–2,–2）/（–3,0）/（–3,–3）/（0,–3）

续表

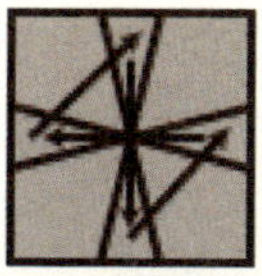	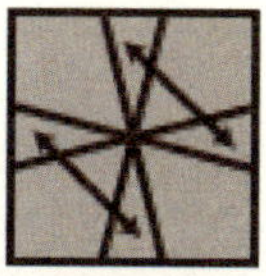	(UR UL UB UF)(DR DF)(DL DB) /(3,3)/(1,-2)/(4,-4)/(2,-4)/(-2,4)/(1,0)/(0,-3) /(3,3)/(3,0)/(3,0)
	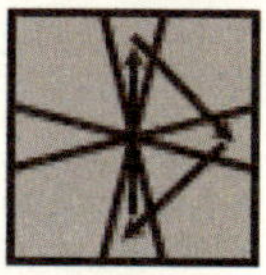	(UR UF UL UB)(DR DB DF) /(3,0)/(0,-3)/(3,0)/(3,0)/(0,5)/(2,-4)/(-4,0) /(0,-4)/(-4,-2)/(1,0)/(-3,-3)/(-3,0)
	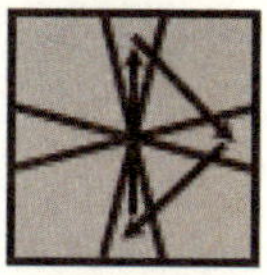	(UR UB UL UF)(DR DB DF) /(3,0)/(-3,-3)/(-3,0)/(0,1)/(4,0)/(-4,2)/(-4,-2) /(0,2)/(4,0)/(-5,0)/(-3,-3)/(0,3)
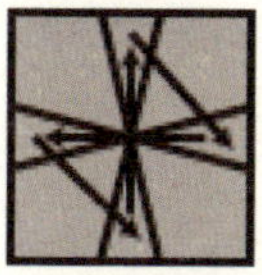	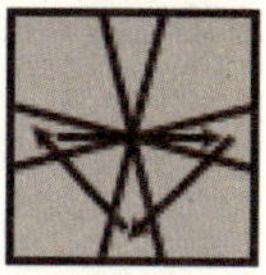	(UR UB UF UL)(DL DB DF) /(0,-3)/(4,0)/(0,-1)/(0,2)/(4,4)/(2,0)/(1,0) /(0,-3)/(3,0)/(-4,0)/(3,0)/(0,-3)
		(UR UF UL UB)(DR DF DB) /(3,3)/(5,0)/(-4,0)/(0,-2)/(4,2)/(4,-2)/(-4,0) /(0,-1)/(3,0)/(3,3)/(-3,0)/(0,-3)
		(UR UB UL UF)(DR DF DB) /(3,3)/(-1,0)/(4,2)/(0,4)/(4,0)/(-2,4)/(0,-5) /(-3,0)/(-3,0)/(0,3)/(-3,0)/(3,0)
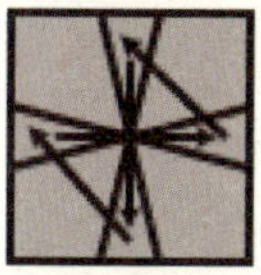		(UR UB UF UL)(DL DB DF) /(-3,0)/(4,0)/(-3,0)/(0,3)/(-1,0)/(-2,0)/(-4,-4) /(0,-2)/(0,1)/(-4,0)/(0,3)/(0,3)
	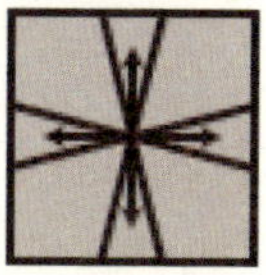	(UR UF UL UB)(DR DF DB) /(-3,-3)/(0,5)/(-4,2)/(-2,4)/(-2,0)/(-2,-2) /(-1,2)/(-3,-3)/(-3,0)
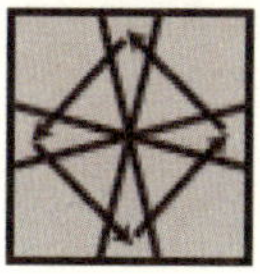		(UR UB UL UF)(DR DF DB) /(3,3)/(1,-2)/(2,2)/(2,0)/(2,-4)/(4,-2)/(0,-5) /(3,3)/(3,0)

续表

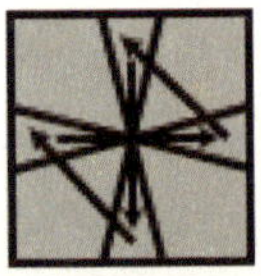	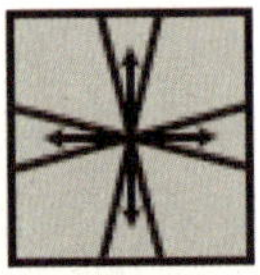	（UR UF UB UL）（DL DR）（DF DB） /（3,0）/（0,–3）/（3,0）/（3,0）/（2,–1）/（0,2）/（–2,4） /（2,–4）/（2,0）/（–1,2）/（–3,–3）/（6,0）
U 层三组棱块 D 层三组棱块交换		
		（UR UF UL UB）（DR DB DL DF） （1,0）/（5,–1）/（–3,0）/（1,1）/（–4,2）/（1,1）/（0,–3） /（5,0）
		（UR UB UL UF）（DR DF DL DB） （1,0）/（0,3）/（–1,–1）/（4,–2）/（–1,–1）/（3,0）/（–5,1） /（5,0）
		（UR UF UL UB）（DR DF DL DB） （1,0）/（2,2）/（3,0）/（1,1）/（–3,0）/（2,2）/（3,0）/（1,1） /（–4,0）
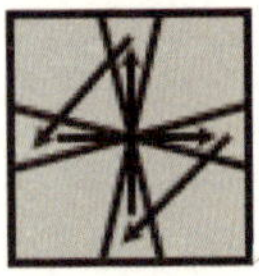		（UL UR UF UB）（DR DB DL DF） （1,0）/（3,0）/（–1,–1）/（–2,1）/（0,3）/（5,–1）/（–3,0） /（1,1）/（–3,0）/（5,–3）
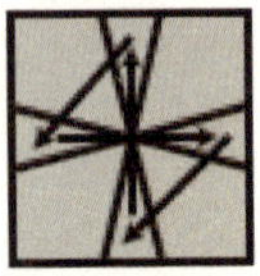	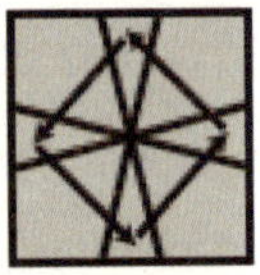	（UL UR UF UB）（DR DF DL DB） （1,0）/（0,3）/（–1,–1）/（1,–2）/（–3,0）/（3,0）/（–1,–1） /（3,0）/（–5,1）/（–4,0）
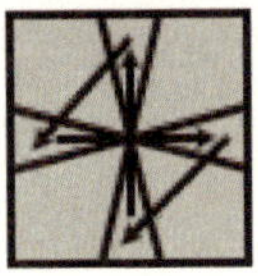		（UL UR UF UB）（DR DL DF DB） （1,0）/（5,–1）/（3,3）/（3,0）/（1,1）/（–3,0）/（3,–3） /（5,0）

无须中层转	一次中层转	两次中层转		
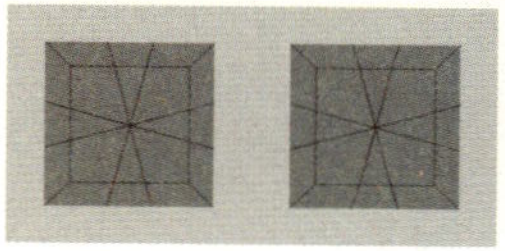	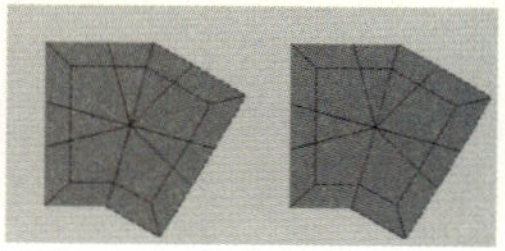	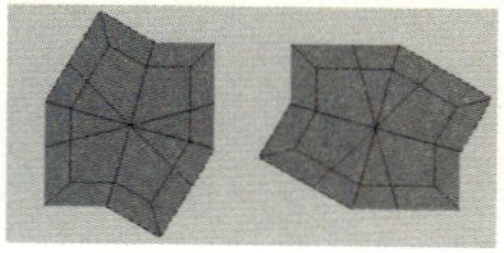	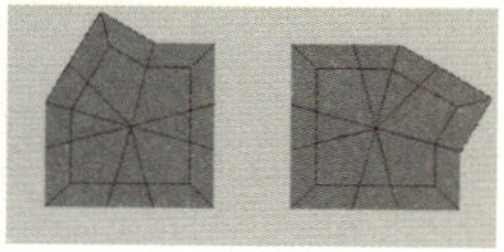	
Solved	/	/ (3,3) /	/ (3,0) /	
三次中层转				
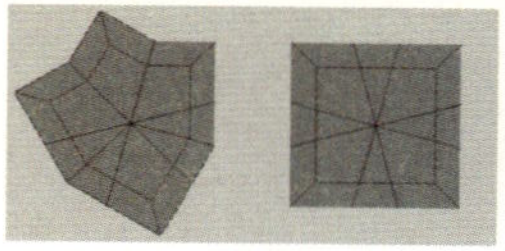	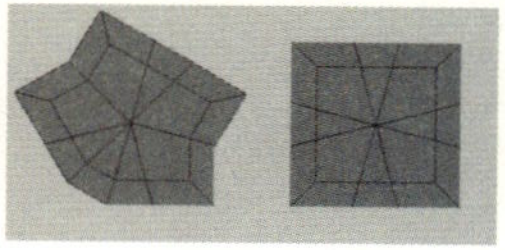	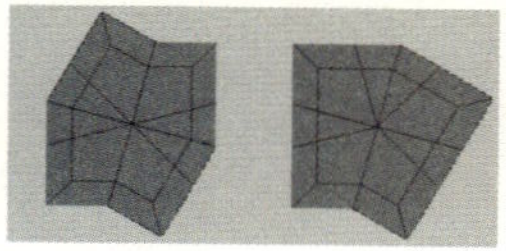	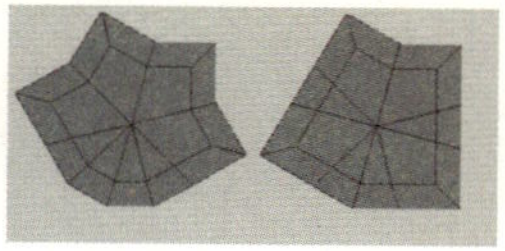	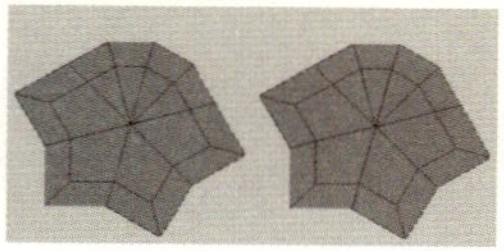
/ (-1,0) / (-3,0) /	/ (2,0) / (3,0) /	/ (-3,0) / (-3,0) /	/ (-1,-2) / (-3,0) /	/ (1,2) / (-3,-3) /
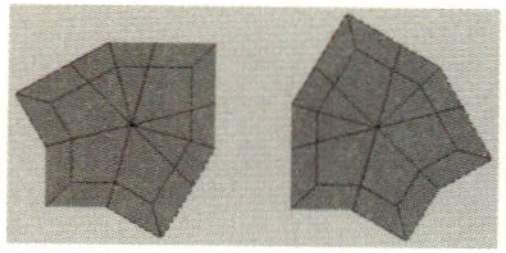	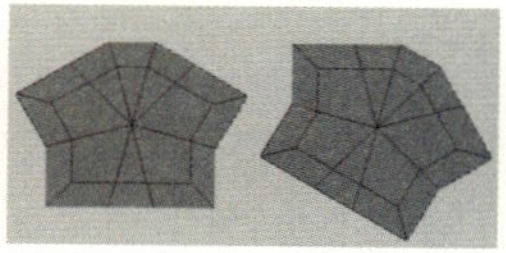	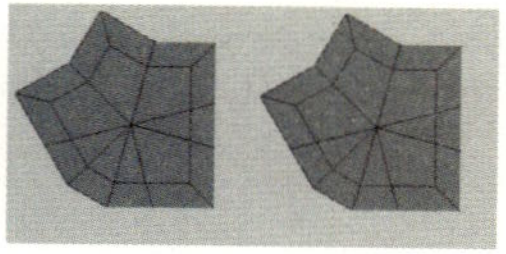		
/ (1,0) / (-3,-3) /	/ (-2,0) / (3,3) /	/ (-1,4) / (-3,0) /		
四次中层转				
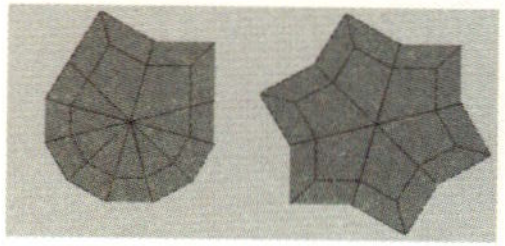	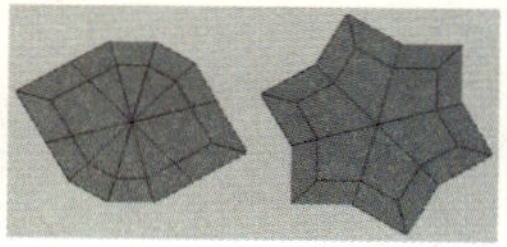	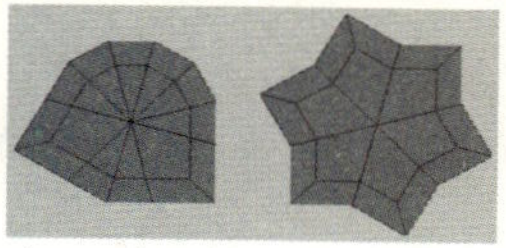	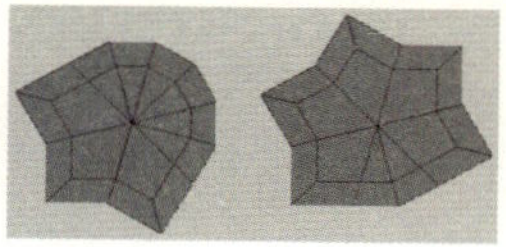	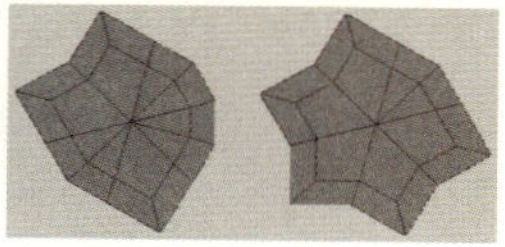
/ (-2,-4) / (2,1) / (3,3) /	/ (2,2) / (0,-1) / (3,3) /	/ (-4,-2) / (-1,4) / (-3,0) /	/ (0,4) / (1,2) / (-3,-3) /	/ (0,-2) / (-1,-2) / (-3,-3) /

续表

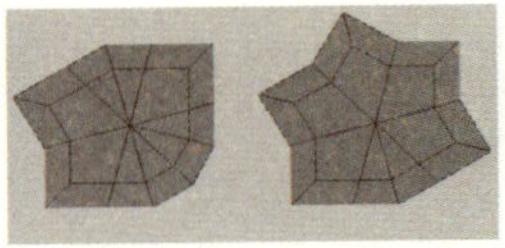 /（0,2）/（1,2）/（-3,-3）/	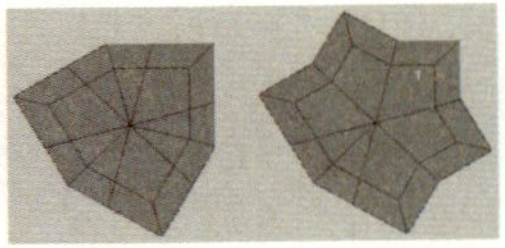 /（-2,0）/（0,1）/（3,3）/	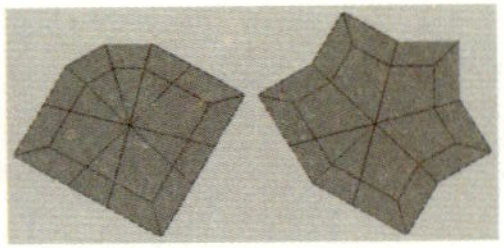 /（-4,0）/（-1,4）/（-3,0）/	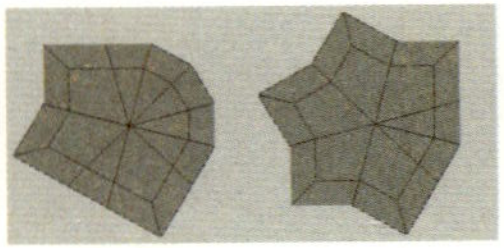 /（3,-2）/（-1,-2）/（0,-3）/	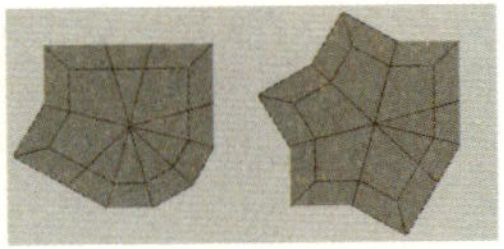 /(-3,2)/(1,2)/(0,3)/(-1,1)
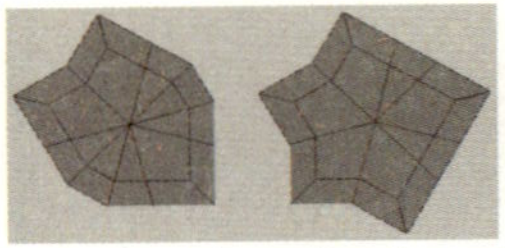 /（0,-2）/（-1,4）/（-3,0）/	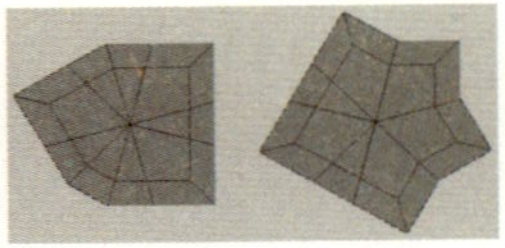 /（-2,0）/（0,1）/（3,0）/	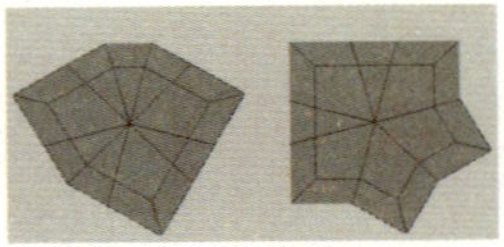 /（-4,0）/（-1,0）/（-3,0/）	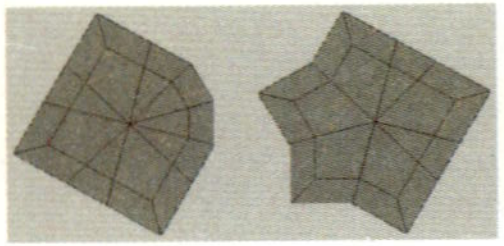 /（0,-2）/（-1,-2）/（0,-3）/	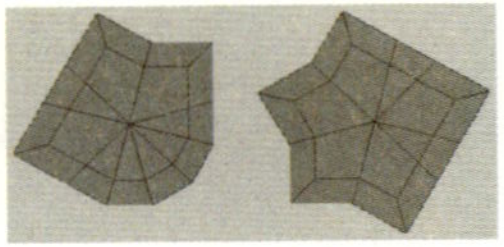 /（0,-4）/（-1,-2）/（0,-3）/
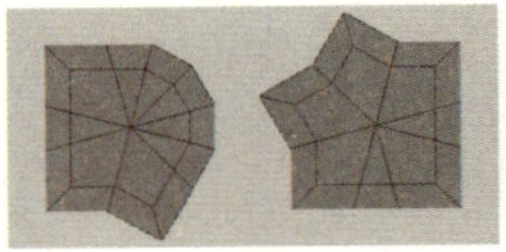 /(0,4)/(1,2)/(0,3)/(-1,1)	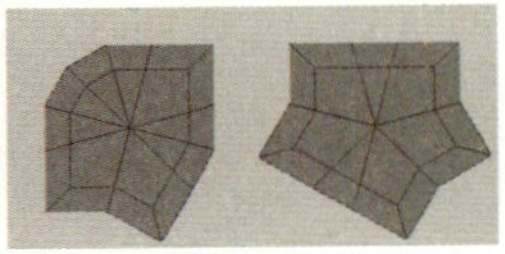 /（2,3）/（1,2）/（3,0）/（-1,1）	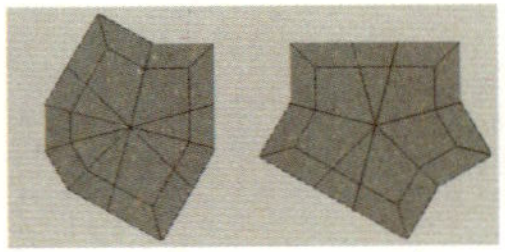 /（-2,-3）/（-1,-2）/（-3,0）/	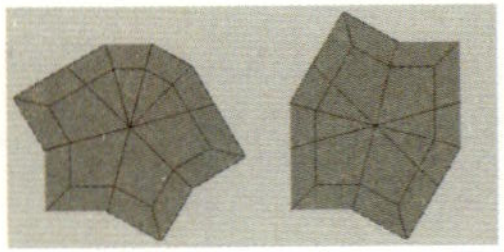 /（4,0）/（-1,0）/（-3,-3）/	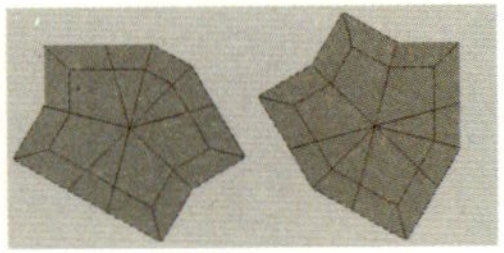 /（3,0）/（-1,-2）/（0,-3）/
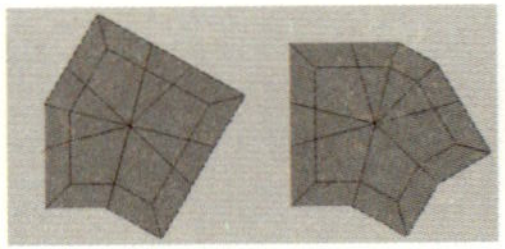 /（-2,0）/（-1,0）/（-3,0）/	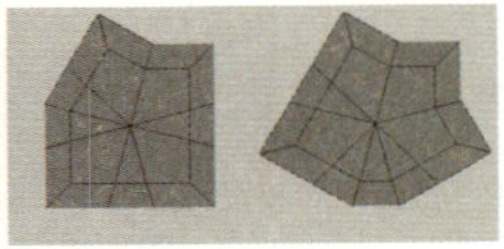 /（2,0）/（1,0）/（3,0）/（-1,1）			

续表

五次中层转				
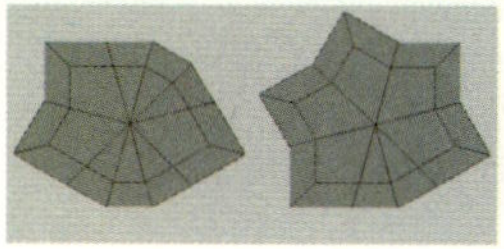 / (0,-2) / (3,0) / (-1,-2) / (0,-3) /	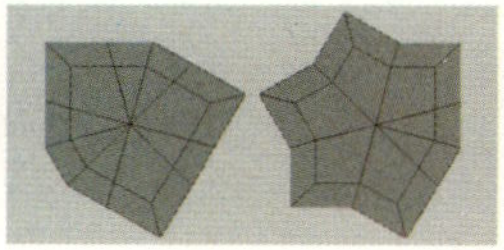 / (-2,0) / (0,2) / (0,-1) / (0,-3) / (-1,1)	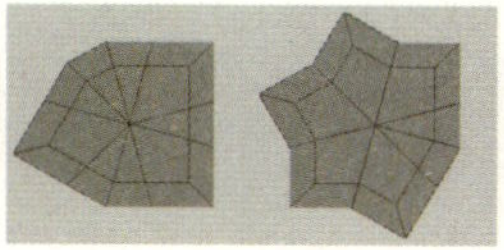 / (2,0) / (0,-2) / (0,1) / (0,3) /	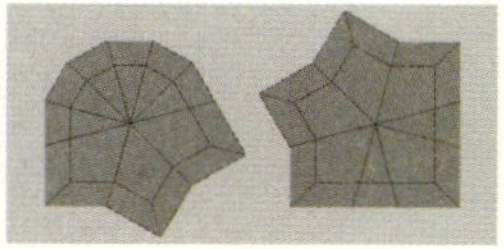 / (3,2) / (3,-2) / (-1,-2) / (0,-3) /	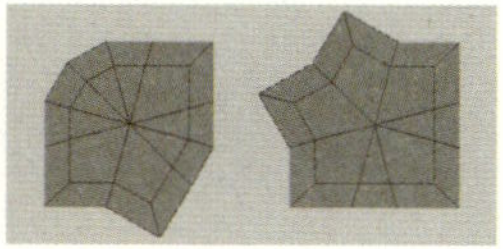 / (3,0) / (3,-2) / (-1,-2) / (0,-3) /
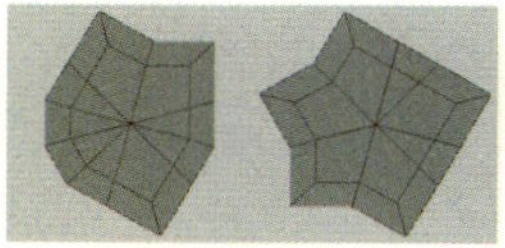 / (-3,0) / (-3,2) / (1,2) / (0,3) / (-1,1)	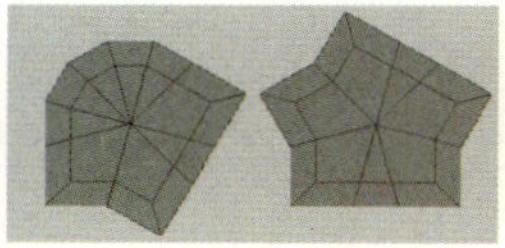 / (3,0) / (0,4) / (1,2) / (0,3) / (-1,1)	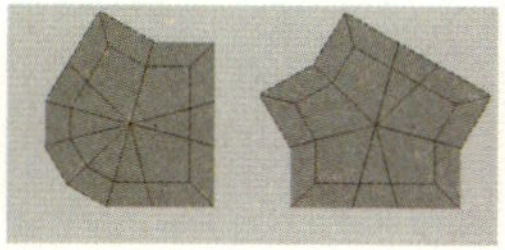 / (-3,0) / (0,-4) / (-1,-2) / (0,-3) /	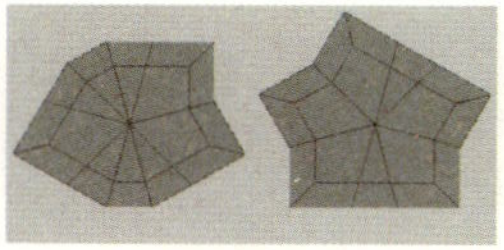 / (-1,2) / (2,0) / (1,2) / (-3,-3) /	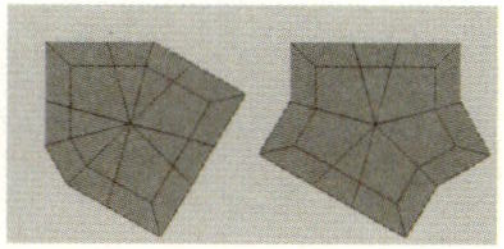 /(-2,0)/(-1,0)/(-2,0)/(0,-3) / (-1,1)
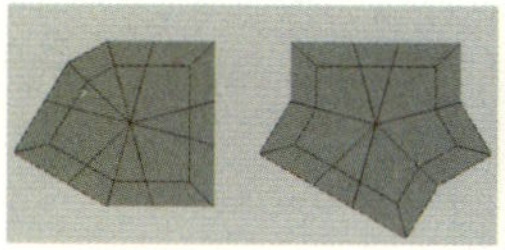 / (2,0) / (1,0) / (2,0) / (0,3) /	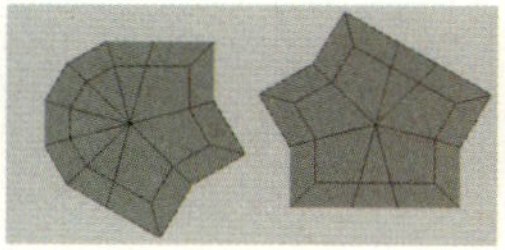 / (-3,0) / (-2,-4) / (2,1) / (3,3) /	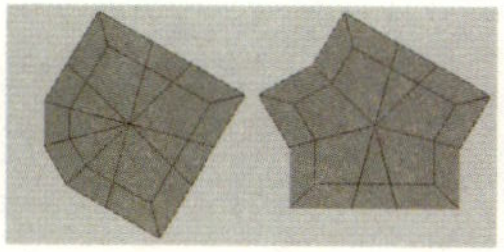 / (-3,2) / (0,-4) / (-1,-2) / (0,-3) /	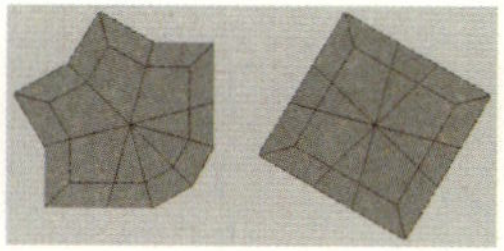 / (-2,0) / (2,0) / (-1,-2) / (-3,0) /	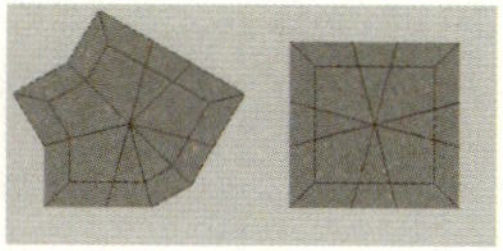 / (0,-1) / (2,0) / (-1,-2) / (-3,0) /
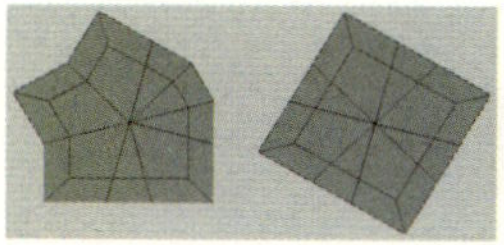 /(0,1)/(-2,0)/(1,2)/(3,0) / (-1,1)	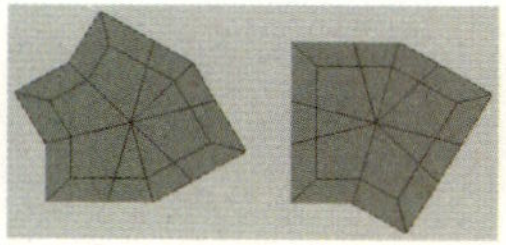 / (-2,0) / (2,0) / (-1,0) / (-3,0) /	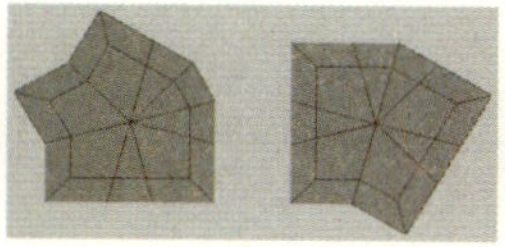 / (0,-1) / (2,1) / (-1,0) / (-3,0) /	 / (0,1) / (2,0) / (-1,0) / (-3,0) /	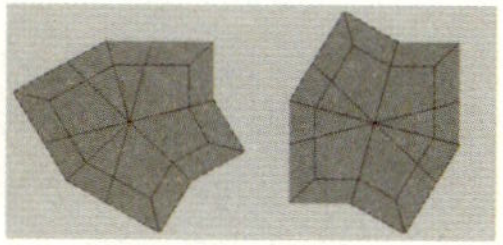 / (0,2) / (-2,0) / (0,1) / (3,3) /

续表

 / (1,-2) / (-2,3) / (-1,-2) / (-3,0) /	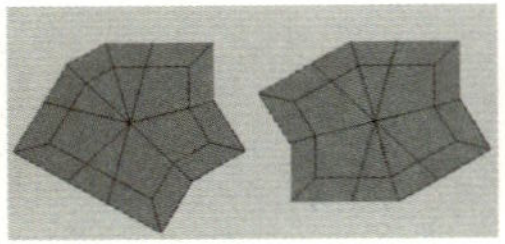 / (-1,2) / (2,-3) / (1,2) / (3,0) / (-1,1)	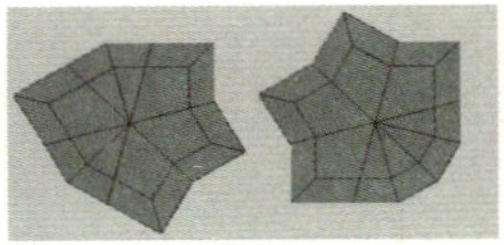 / (-1,0) / (-4,-2) / (-1,4) / (-3,0) /	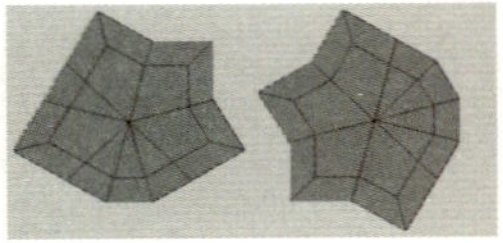 /(-3,-2)/(3,-2)/(-1,-2) / (0,-3) /	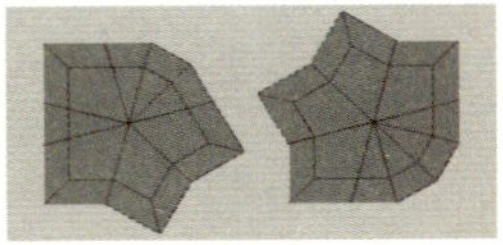 /(3,2)/(-3,2)/(1,2)/(0,3) / (-1,1)
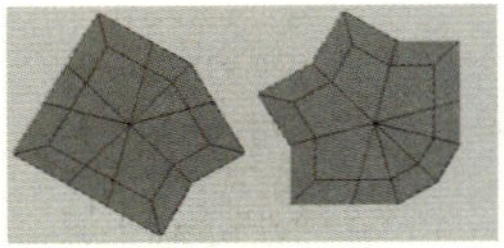 / (-1,0) / (0,4) / (1,-4) / (0,3) / (-1,1)	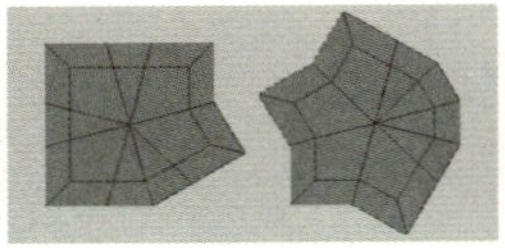 / (1,0) / (0,-4) / (-1,4) / (0,-3) /	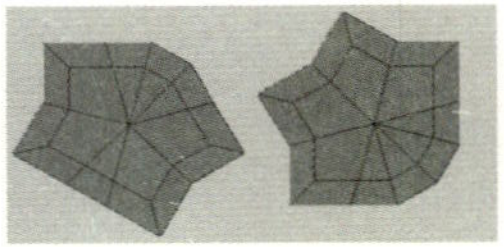 / (0,2) / (3,-2) / (-1,-2) / (0,-3) /	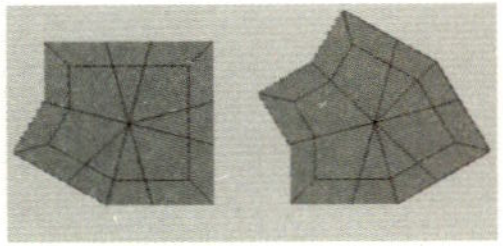 / (1,0) / (0,-2) / (-1,4) / (-3,0) /	 / (1,2) / (0,-2) / (-1,4) / (-3,0) /
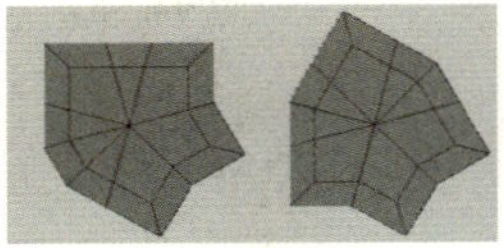 / (1,0) / (-2,3) / (-1,-2) / (-3,0) /	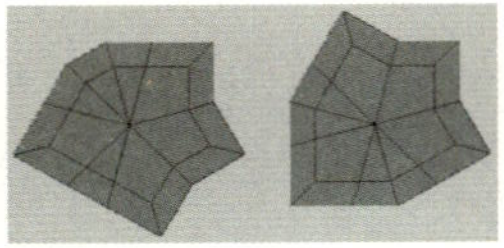 / (-1,0) / (2,-3) / (1,2) / (3,0) / (-1,1)	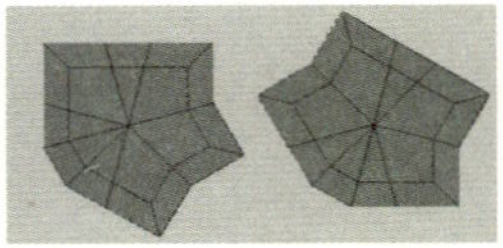 / (1,0) / (-2,0) / (2,1) / (3,3) /	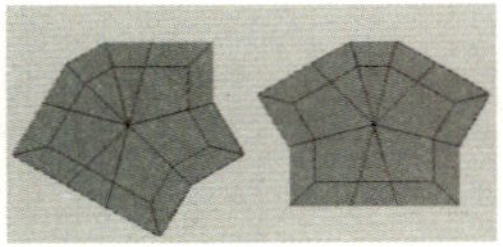 / (-1,0) / (2,0) / (-2,-1) / (3,3) /	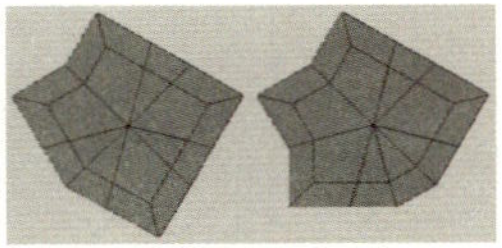 / (0,2) / (0,-2) / (-1,4) / (-3,0) /
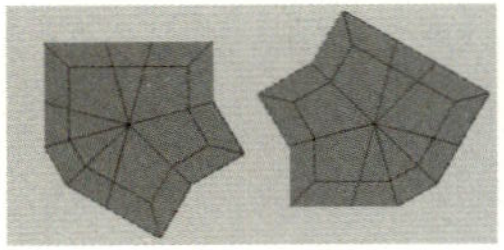 / (-1,0) / (2,2) / (0,-1) / (3,3) /	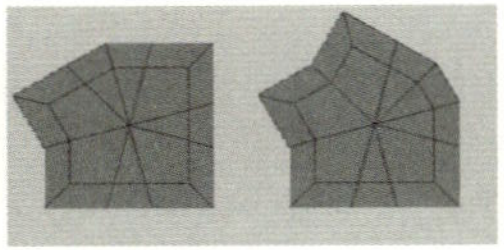 / (2,0) / (0,-2) / (-1,4) / (-3,0) /	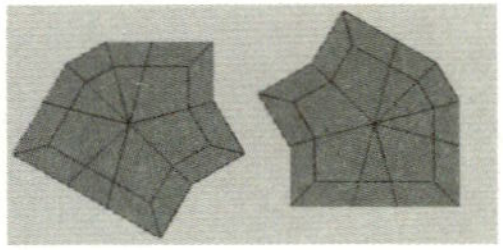 / (1,0) / (2,2) / (0,-1) / (3,3) /		

续表

六次中层转				
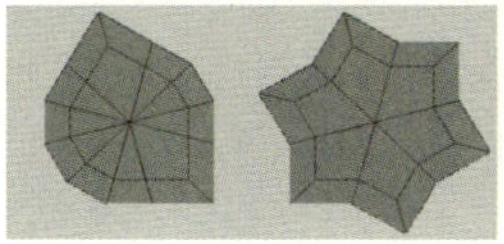 /（4,0）/（1,2）/（3,-2）/（-1,-2）/（0,-3）/	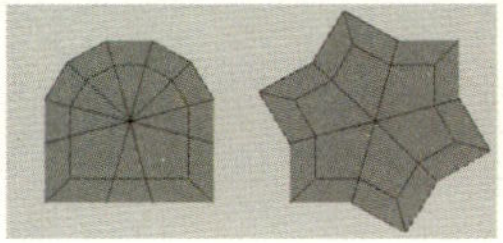 /（2,0）/（1,2）/（3,-2）/（-1,-2）/（0,-3）/	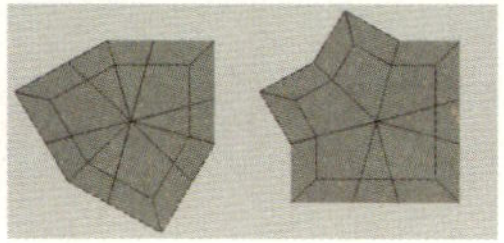 /(-1,0)/(2,0)/(0,-2)/(0,1)/（0,3）/	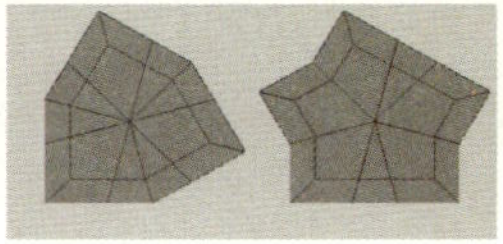 /（3,0）/（0,2）/（0,-2）/（0,1）/（0,3）/	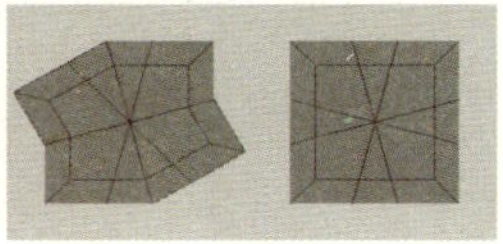 /(2,2)/(0,-1)/(2,2)/(-1,0)/（-3,-3）/
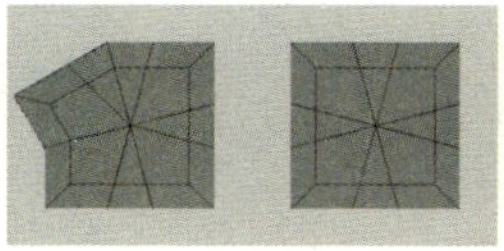 /（2,0）/（0,-1）/（-2,0）/（1,0）/（3,0）/（-1,1）	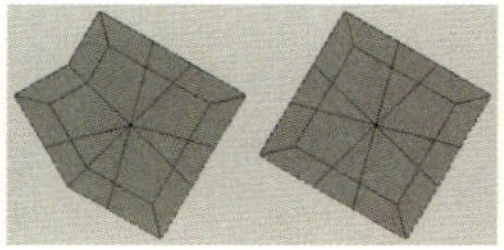 /（-2,0）/（0,1）/（2,0）/（-1,0）/（-3,0）/	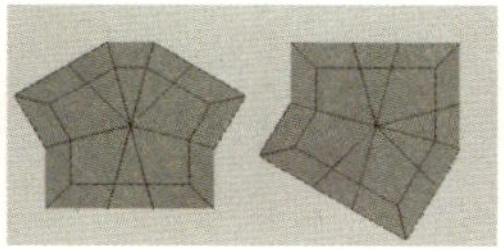 /（2,-3）/（2,0）/（-2,0）/（1,0）/（-3,-3）/	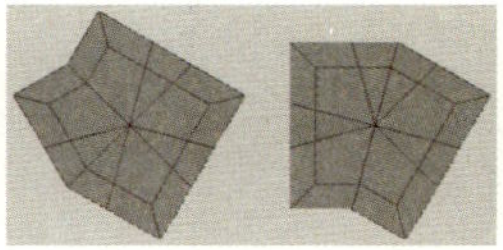 /（-2,0）/（0,-1）/（2,0）/（-1,-2）/（-3,0）/	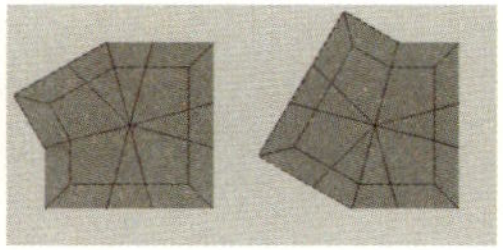 /(2,0)/(0,1)/(-2,0)/(1,2)/（3,0）/（-1,1）
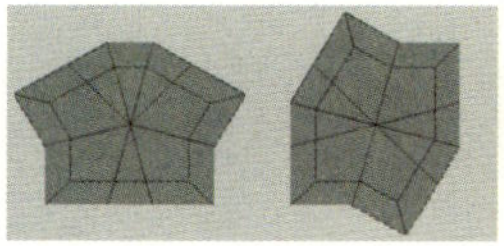 /（2,-3）/（-2,0）/（2,0）/（-1,0）/（-3,0）/	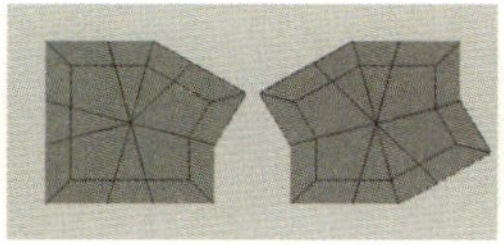 /（-2,0）/（-1,0）/（2,0）/（-2,-1）/（3,3）/	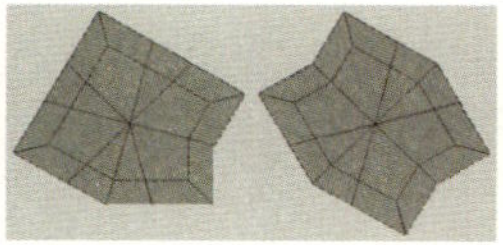 /（2,0）/（1,0）/（-2,0）/（2,1）/（3,3）/	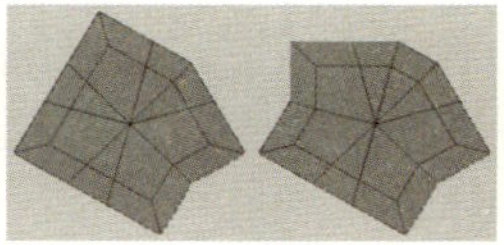 /（2,-1）/（1,0）/（-2,0）/（2,1）/（3,3）/	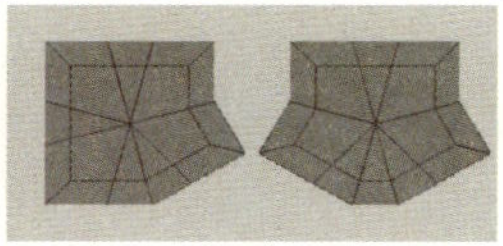 /（-2,1）/（-1,0）/（2,0）/（-2,-1）/（3,3）/
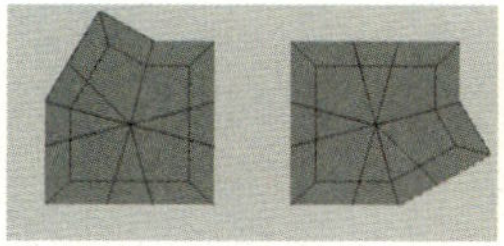 /(4,0)/(-2,0)/(2,0)/(-1,0)/（-3,0）/	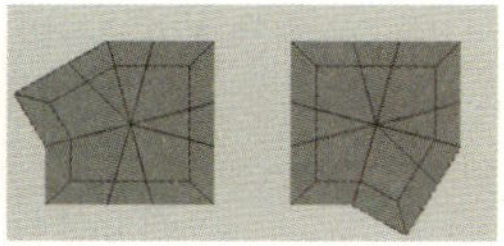 /（2,0）/（-2,0）/（2,0）/（-1,0）/（-3,0）/			

续表

七次中层转				
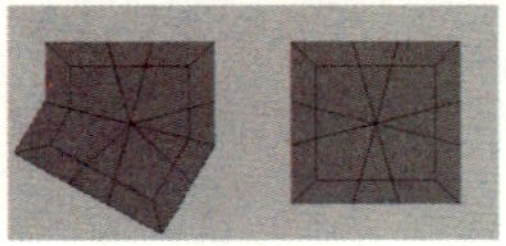				
/(-1,0)/(2,0)/(-2,0)/(2,0) / (-1,0) / (-3,0) /				

第十二章

网站和术语

第一节　有关魔方的网站

PART 1 赛事类

1. 粗饼网 http：//cubingchina.com

简介：国内魔方赛事信息发布，个人成绩查询和趣味统计查询。相信国内魔友都非常熟悉。

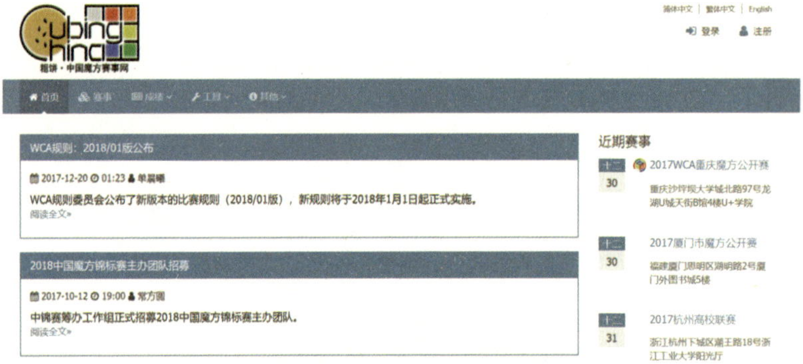

2. WCA 官网 http：//www.worldcubeassociation.org

简介：世界魔方赛事信息发布，个人纪录和趣味统计查询，WCA 规则、LOGO 及打乱程序等都能在此官网上找到。

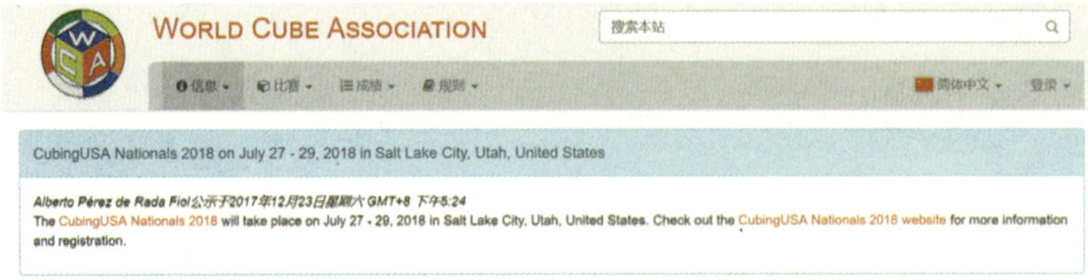

3.Cubecomps 赛事直播 http：//cubecomps.com

简介：国际魔方赛事的成绩直播平台。

PART 2 学习类

4. 魔方小站 http：//www.rubik.com.cn/

简介：向魔方初学者介绍基本的魔方解法和魔方技巧。

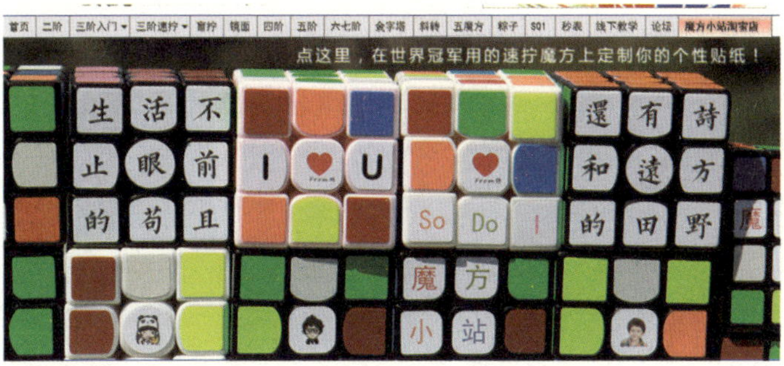

5. 魔方乐园 http：//www.mf100.org

简介：比较推荐的魔方入门网站。

6. 魔方技巧 http：//cubeskills.com

简介：菲神创办的魔方网站。

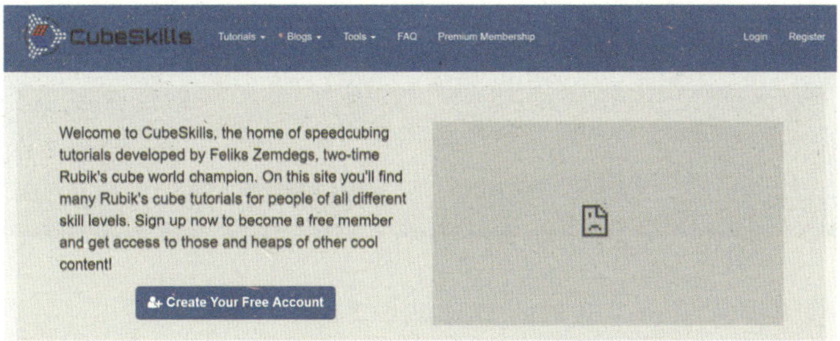

7. 公式集 http：//AlgDb.net

简介：AlgDb 涵盖了几乎所有二阶魔方、三阶魔方的速拧公式。

8. Andy Klise 的网站 http：//www.kungfoomanchu.com

简介：一个魔友创办的网站，可以下载 PDF 版的资料。

9.Chris Olson 的网站 http：//www.cyotheking.com

简介：一个魔友创办的网站，有很多高质量的公式。

10. 最少步 http：//fmcsolves.cubing.net

简介：学习最少步的必备网站。

11. 解法大全 http：//www.cubesolv.es

简介：世界一流解法大全，复原实例数据库。

Solver	Event	Single	Average	Result	Competition	Date Added
Feliks Zemdegs	3x3OH		WR	11.24	Malaysia Cube Open 2017	Nov 21, 2017
Feliks Zemdegs	3x3OH		WR	9.01	Malaysia Cube Open 2017	Nov 21, 2017
Feliks Zemdegs	3x3OH		WR	10.31	Malaysia Cube Open 2017	Nov 21, 2017
Feliks Zemdegs	3x3OH		WR	10.04	Malaysia Cube Open 2017	Nov 21, 2017
Feliks Zemdegs	3x3OH		WR	10.28	Malaysia Cube Open 2017	Nov 21, 2017
Jonathan Hamstad	3x3			7.36	Kjeller Open 2017	Nov 21, 2017

12. 每周最少步 https：//www.ocf.berkeley.edu/~dadams/fmc

简介：也是一个练最少步的好网站。

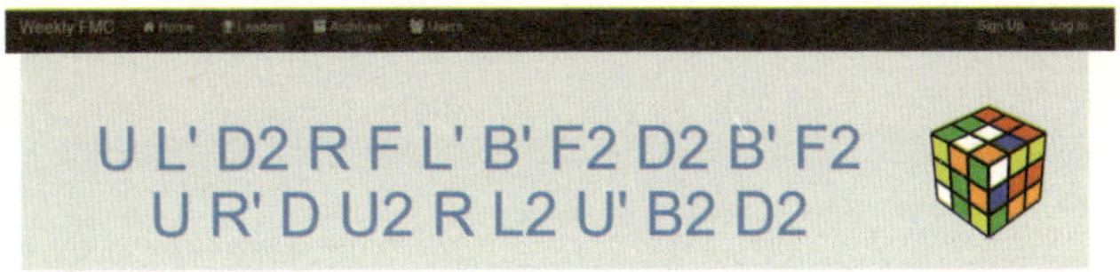

PART 3 论坛类

13.SS 论坛 http：//speedsolving.com

简介：世界上最大的魔方论坛，SpeedSolving Wiki 中有很多很实用的信息。

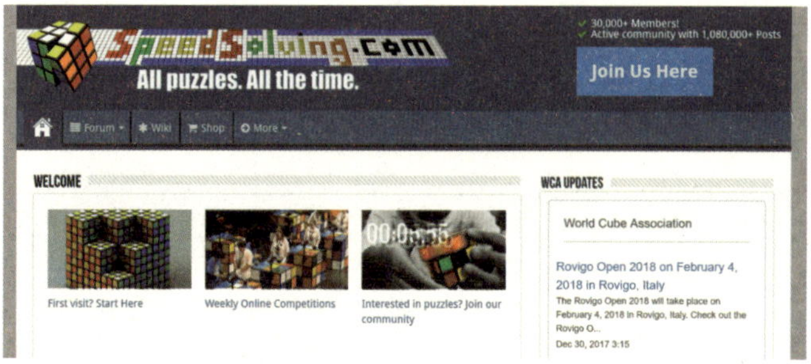

14.TP 论坛 http：//twistypuzzles.com

简介：魔方收藏、魔方改造爱好者的必备论坛，Museum 里有关于各类魔方的介绍。

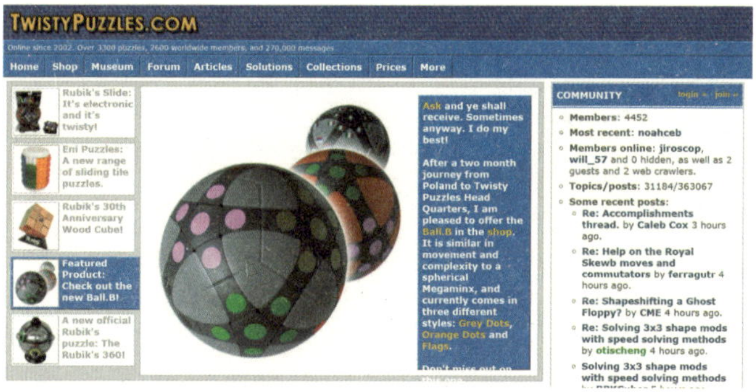

15. 魔方吧论坛 http：//bbs.mf8-china.com/forum.php

简介：国内早期的魔方论坛，如今逐渐式微。

PART 4 统计类

16. 宿敌统计 http：//nemesizer.com

简介：宿敌指的是所有项目单次平均成绩都能吊打你的选手。全世界有 24 个魔友是我的宿敌。

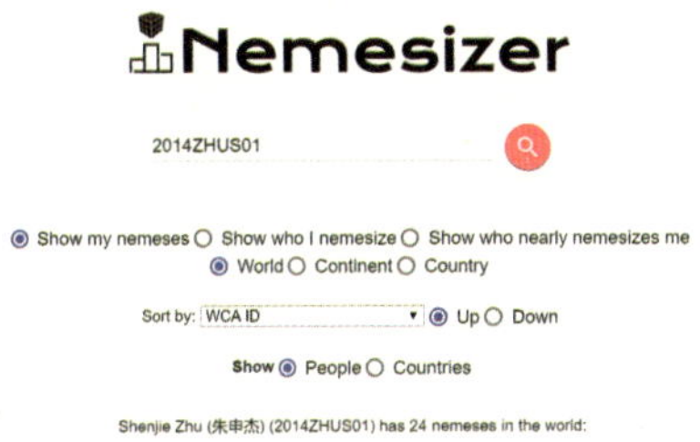

17. 金奇排名 http：//wcadb.net

简介：采用一种比 SOR 更为科学的排名算法。此外，这个网站还可以查看世界上所有大满贯和小满贯选手。

18. WCA 分析软件 http：//www.matthewmcmillan.me/wca-analyzer

简介：需要下载并且在 java 环境中运行，可以统计个人参赛项目的历史最好成绩榜单。

Best Singles		Best Counting Singles		Best Averages	
Result ▲	Competition	Result	Competition	Result	Competition
10.09	Coconut Island Open 2017	12.31	Coconut Island Open 2017	12.70	Coconut Island Open 2017
10.21	Coconut Island Open 2017	12.42	Coconut Island Open 2017	13.44	ZUST Open 2017
10.92	Shanghai Spring 2016	12.83	Wenzhou Open 2017	14.00	Hefei Open 2017
11.93	Zhenjiang Open 2017	12.89	Huaibei Open 2017	14.06	Asian Championship 2016
12.12	Wenzhou Open 2017	12.90	ZUST Open 2017	14.07	Zhenjiang Open 2017
12.23	Wenzhou Open 2017	13.00	Coconut Island Open 2017	14.20	Coconut Island Open 2017
12.23	ZUST Open 2017	13.26	Zhenjiang Open 2017	14.25	Changshu Open 2017
12.31	Coconut Island Open 2017	13.30	Coconut Island Open 2017	14.26	Zhenjiang Open 2017
12.42	Coconut Island Open 2017	13.32	Zhenjiang Open 2017	14.45	Wenzhou Open 2017

19. 趣味统计 https：//jonatanklosko.github.io/wca_statistics/

简介：关于 WCA 的一些趣味数据。

- Best first average
- Best medal collection from abroad by country
- Best medal collection from abroad by person
- Best potential FMC mean
- Best result not providing a podium
- Best single counting into an average of 5
- Competitions count by week
- Competitions per year by country

20. 最少步插入 https：//fewestmov.es

简介：董百强代表开发的用于最少步找插入的网站。

PART 5 工具类

21.CStimer http：//www.cstimer.net

简介：魔友陈霜开发的网页计时器，可以使用虚拟魔方计时。有点难找，在设置面板→计时→产生成绩通过→虚拟魔方。

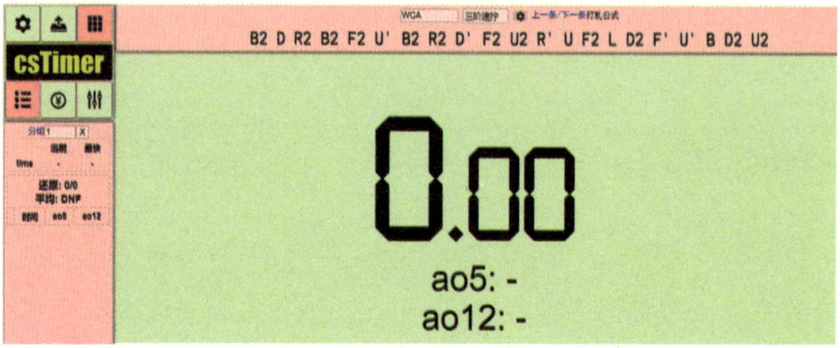

22. 魔方模拟器 alg.cubing.net

简介：可以根据公式实时模拟正阶魔方复原的步骤。

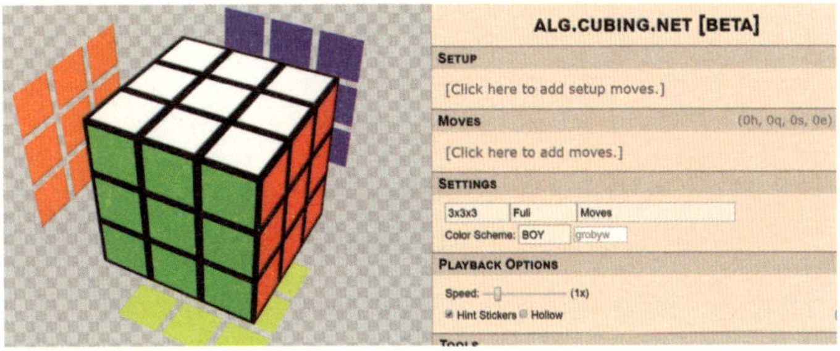

23.ImageCube http：//www.cubezone.be/imagecube.html

简介：静态生成正阶魔方的示意图。

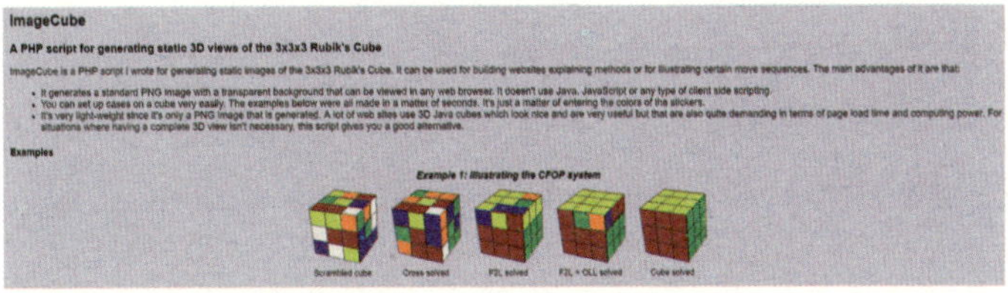

24.VisualCube http：//cube.crider.co.uk/visualcube.php

简介：动态生成正阶魔方的示意图。之前提到的 AlgDb 的图片就是用 VisualCube 生成的。

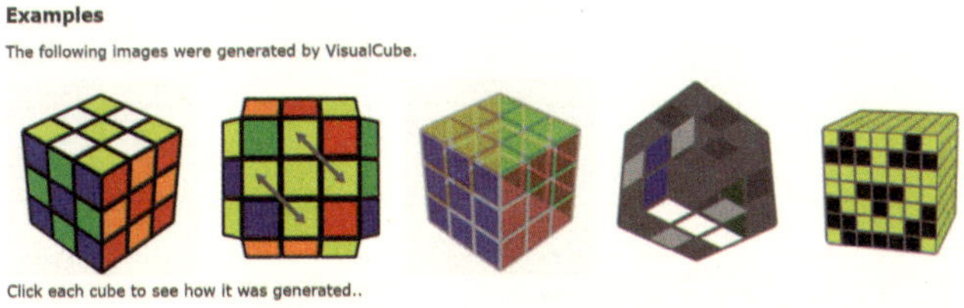

25.VisualCube Editor http：//roudai.net/visualcube

简介：日本魔友做的网站，VisualCube 窗口式生成，比原版打代码好用很多。

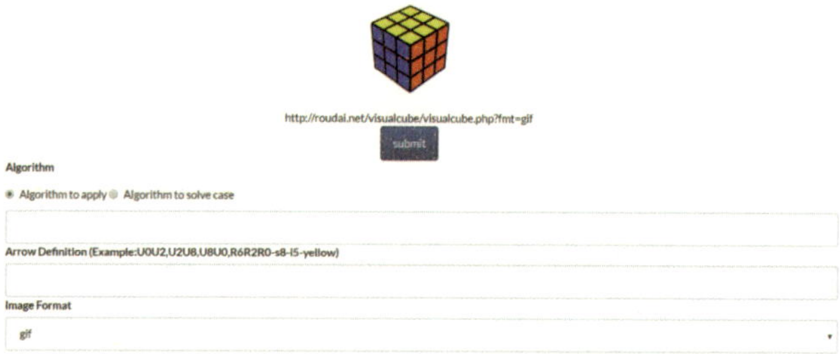

26. 魔方拼图 http：//mosaic.twisttheweb.com

简介：根据图案来制作拼图，最后的 PDF 拆分有点不方便，前面的功能很值得一用。

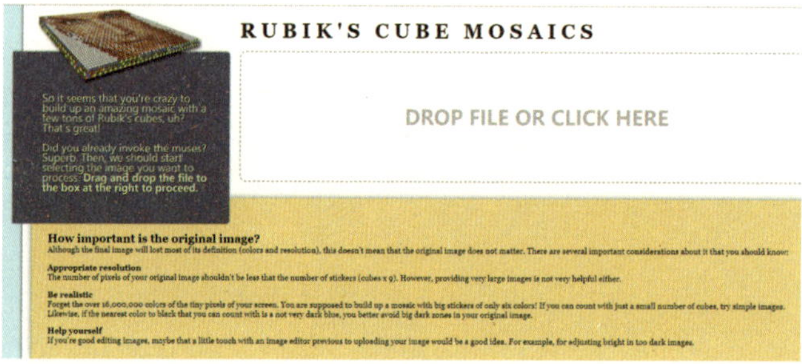

27. SS Wiki https：//www.speedsolving.com/wiki/index.php/Main_Page

简介：最详细的魔方百科，同时可以在 Wiki 中看到 UWR（非官方世界纪录）。

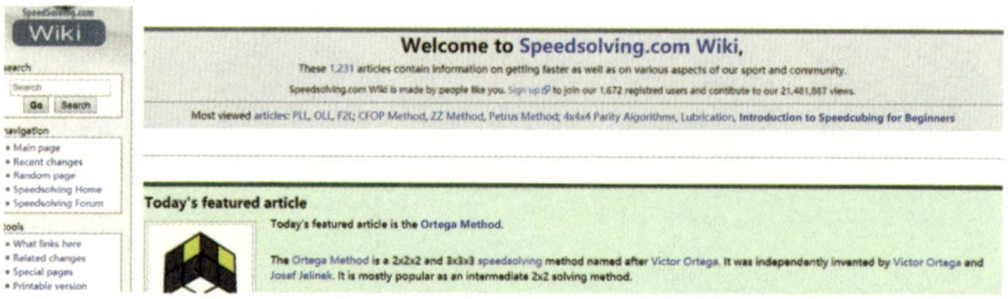

28.Ruwix https：//ruwix.com

简介：也是一个魔方百科。

PART 6 其他

29.Cubicle https：//thecubicle.us

简介：美国最大的魔方专卖店。

30.PK 网站 http：//twisttheweb.com

简介：全球最大的魔方 PK 网站。

第二节　有关魔方的术语

#

+2

一种比赛时的加罚，当你差一步就可以复原的时候，比赛会 +2 秒。

2-gen

用 R U 两种方法转动魔方。

3-gen

用 R U F 三种方法转动魔方。

2LLL:2 look last layer

复原最后一层的时候要看两下，比如 OLL 和 PLL。

4LLL:4 look last layer

复原最后一层的时候要看四下，比如，OLL 和 PLL 都分成两步做。

A

alg:algorithm

魔方公式，一长串固定的转动。

anti

反的，倒过来的，如 anti-sune。

ASR:asian record（ranking）

亚洲纪录或亚洲排名。

AUF:adjust up face

调整顶层的最后一步。

AVG:average

如果是平均 5 次的成绩，我们会说 AO5（average of 5），12 次则是 AO12，一般去头尾。

B

B:back

魔方的背面，魔方基础转动之一。

big cube

一般指三阶以上的正阶魔方。

BLD:blindfolded

盲拧的缩写，3BLD 就是三盲。

block

块，如在三阶魔方上的一个 2×2×2 的部分。

BOY:blue orange yellow

国际标准配色，日本配色是 BYO。

C

CC:China Championship

中锦赛。

CCA:China Cube Association

中国魔方协会。

center

中心块。

CFOP:Cross F2L OLL PLL

魔方最主流的速拧方法，分为

CFOP 四步。

CLL:corners of last layer

二阶版本的 COLL。

CLS:corner last slot

在棱块色向全对的情况下做好最后一组并跳 O。

COLL:corners and oriention of last layer

在十字 OLL 的情况下复原顶面和角块，40 条公式。

commutator

交换机，形如 A B A' B' 的公式，如（R' D' R）（U）（R' D R）（U'）。

conjugate

转换器，形如 ABA' 的公式，如（R U2 R'）（R' F R F'）（R U2 R'）。

corner

角块，三种颜色的块。

CR:continent record

大洲纪录或大洲排名。

cross

十字，CFOP 的第一步。

cuber

魔友。

Cubicle

美国的知名魔方商店。

cycle

循环，如三角换是一个三循环。

CZZ

拆再装的拼音缩写。

D

D:down

魔方的底层，魔方基础转动之一。

DEC:double extended cross

EC 的加强版，完成十字的同时完成两组 f。

DNF:did not finish

没有完成复原。原因有很多，如魔方炸了；魔友说的 D 了指的是 DNF。

DNS:did not start

没有开始复原，原因有很多，比如最少步比赛你只比了最后一把。

E

E:equator

魔方的横向中间层，魔方基础转动之一。

EC:extended cross

又叫 xcross，做完十字之后同时完成一组 f。

edge

棱块，两种颜色的块。

edge control

控棱，不控棱你可能会出现点 O。

EG:Erik Akkersdijk & Gunnar Krig

二阶的高级复原方法。

ELL:edges of last layer

调整最后一层的角块，类似 OLL。

EO:edge oriention

棱块色向的控制，ZZ 法的第一步。

Erno Rubik

魔方的发明者。

ETM:execution turn metric

一种记步方法，任何一次操作都算作一步，包括转体。

F

F2L:first 2 layers

前面两层一起复原，简称 F，CFOP 的第二步。

flip

翻转，一般指翻棱。

FMC:fewest moves challenge

最少步，WCA 官方比赛项目之一。

Fridrich method

CFOP 的别名，以发明者名字命名。

FSC:finger shortcut

一些固定的手法组合，最有名的是 R U R' U'。

G

Guimond method:Gaetan Guimond

二阶角先法，以发明者名字命名。

God’s number

上帝之数，复原魔方最坏状态的最少步数。

H

hammersledge

特指 F R' F' R。

HTM:half turn metric

一种记步方法，把 180 度的转动看作一步。

I

insert

插入，入槽。

inspection

复原前的观察时间，一般是 15 秒。

inverse

公式的逆序，如 R U R' U' 就是 U R U' R'（inverse sexy move）。

J

Jb perm

一条很顺手的 PLL 公式。

Jessica Fridrich

CFOP 的发明者。

L

L-left

魔方的左层，魔方基础转动之一。

layer

层。

LBL:layer by layer

层先法。

LC:lucky case

好情况。

LL:last layer

最后一层。

look ahead

进行当前复原的时候观察下一组块的位置，吃着碗里的看着锅里的。

M

M:magnet

加磁，磁力技术。

M：middle

魔方的竖向中间层，魔方基础转动之一。

M2OP:steven pochmann

盲拧复原方法。

MINX:megaminx

五魔方，WCA 官方比赛项目之一。

mirror

镜像公式，比如 R U R' U' 的镜像公式是 L' U' L U。

multi slotting

一次做好两组 f。

MW:magic wondeful

一类跳 O 公式集。

N

notation

魔方标记体系，比如 Singmaster 的 RUFBLD 就是一种标记体系。

NISS:normal inverse scramble switch

最少步常用技巧。

NR:national record（ranking）

国家纪录或国家排名（默认中国）。

O

OBTM:outer block turn metric

一种记步方法，以外层的转动算作一步。

OH:one-handed

单手复原。

OLL:oriention of last layer

顶面复原公式，简称 O，CFOP 的第三步。

OLLCP:OLL+corner permuation

复原普通 OLL 的同时归位顶层角块。

ortega method:Victor Ortega

二阶的面先法，以发明者名字命名。

P

parity

偶数阶会出现的特殊情况，简称特。

PB:personal best

个人最好成绩。

PBL:permutation of both layers

二阶面先法的最后一步，XLL 的西式叫法。

petrus method

三阶的一种复原方法，强调块构筑，常用于最少步。

PLL:permutation of last layer

顶层复原公式，简称 O，CFOP 的第四步。

pop

魔方散架，魔方故障的一种。

PSC:prepared solving challenge

事先练习过的复原挑战。

puzzle

对所有魔方和类似项目的统称。

PY:pyraminx

金字塔，WCA官方比赛项目之一。

Q

QTM:quarter turn metric

一种记步方法，把 90 度的转动看作一步，180 度的转动看作两步。

R

R:right

魔方的右层，魔方基础转动之一。

realman

不带观察时间的复原。

reduction

降阶。

relay

接力，可以是多人 CFOP 接力或者单人的 2-7 阶接力。

roux method

三阶仅次于 CFOP 的第二主流的复原方法。

S

S:standing

魔方的正向中间层，魔方基础转动之一。

scramble

魔方的打乱。

SCS:speedcubing shop

国外的魔方商店。

sexy move

特指 R U R' U'。

SK:skewb

斜转，WCA 官方比赛项目之一。

sledgehammer

特指 R’ F R F'。

slice move

特指 EMS 之类的中层转动。

speedcubing

速拧。

SQ1:square1

WCA 官方比赛项目之一。

SS:speedstack

世界飞叠杯协会，SS 大显指飞叠杯专用大显。

SS 论坛指的是 SpeedSolving 论坛。

sticker

贴纸。

sub

一定时间内复原，sub 5 一般指 5 秒内。

subway time

在地铁开关门的时间内复原魔方，不建议模仿。

sune

小鱼公式，如 R U R' U R U2 R'。

superflip

所有棱块色向错误，其余都正确的三阶魔方状态，不存在 20 步以内的解法。

T

team bld

合盲，一个人观察解法，一个人负责操作。

timer

计时器，如 cstimer、dctimer、twisty-timer 等。

TPS:turns per second

每秒钟转动次数 = 总转动次数 / 所用时间（秒）。

twist

翻转，一般指转角。

U

U:up

魔方的右层，魔方基础转动之一。

UWR:unofficial world record

非官方世界纪录。

V

vhf2l or vhls:Lars Vandenberg & Dan Harris

最后一组 f 在组好的情况下跳顶面棱。

VLS:valk last slot

一种组好最后一组 f 然后跳 O 的技术。

W

WC:World Championship

世锦赛。

WCA:World Cube Association

世界魔方协会。

world record（ranking）

世界纪录或世界排名。

WV:winter variation

最后一组 F 组好，顶层棱块色向全对的时候用来跳 O 的公式。

X

x

整个魔方以 R 的方向转动。

xcross

见 extended cross

XLL

二阶面先法的最后一步。

Y

y

整个魔方以 U 的方向转动。

YAU:Robert Yau

一种主流的四阶复原方法。

Z

z

整个魔方以 F 的方向转动。

ZBF2l or ZBLS

最后一组f在任意情况下跳顶面棱。

ZBLL:Zborowski-Bruchem Last Layer

顶面棱块完成后，一步处理所有情况。

ZZ:Zbiginiew Zborowski

以发明者名字命名的三阶还原方法，第一步还原棱块色向。

图书在版编目（CIP）数据

超脑思维：魔方游戏技巧从入门到精通 / 朱申杰，颜瑞民著．—2 版．—北京：中国法制出版社，2020.12

ISBN 978-7-5216-1479-4

Ⅰ．①超…　Ⅱ．①朱…　②颜…　Ⅲ．①智力游戏　Ⅳ．① G898.2

中国版本图书馆 CIP 数据核字（2020）第 234336 号

策划编辑：杨　智（yangzhibnulaw@126.com）

责任编辑：杨　智　冯　运（654093944@qq.com）　　封面设计：汪要军

超脑思维：魔方游戏技巧从入门到精通

CHAONAO SIWEI: MOFANG YOUXI JIQIAO CONG RUMEN DAO JINGTONG

著者 / 朱申杰　颜瑞民

经销 / 新华书店

印刷 / 三河市国英印务有限公司

开本 / 710 毫米 ×1000 毫米　16 开　　印张 / 15.75　字数 / 196 千

版次 / 2020 年 12 月第 2 版　　2020 年 12 月第 1 次印刷

中国法制出版社出版

书号 ISBN 978-7-5216-1479-4　　定价：59.80 元

北京西单横二条 2 号　邮政编码 100031　　传真：010-66031119

网址：http://www.zgfzs.com　　**编辑部电话：010-66038703**

市场营销部电话：010-66033393　　**邮购部电话：010-66033288**

（如有印装质量问题，请与本社印务部联系调换。电话：010-66032926）